잘되는 회사는 분명 특별한 이유가 있다

잘되는 회사는 분명 특별한 이유가 있다

지은이_ 김용희 · 이상수
펴낸이_ 한연우
펴낸곳_ 도서출판 아테나북스

초판 1쇄 인쇄_ 2023년 3월 10일
초판 1쇄 발행_ 2023년 3월 13일

주소_ 경기도 고양시 일산동구 산황로 178-18, 201호
전화_ 편집부 (031)968-2119 영업부 (010)4010-2119
팩스_ (050)4004-2119
등록_ 2004.06.03. 제395-2004-000052호

ⓒ 김용희 · 이상수
Printed in Korea
ISBN 978-89-93321-09-8 03320
정가 15,000원

* 이 책은 저작권법에 의하여 보호를 받는 저작물이므로
  무단전재와 복제를 금합니다.
* 파본은 본사나 구입하신 서점에서 교환해 드립니다.

잘되는 회사는 분명 특별한 이유가 있다

김용희 · 이상수

아테나북스

프롤로그

중소상공인 기업 대표님/사장님들의
유능한 성장 파트너가 되기를 바라면서...

"힘들고 어려워서 못해먹겠다!"

소상공인 사장님들과 중소기업을 운영하는 대표님들을 만나면서 제일 많이 들었던 이야기가 "힘들고 어려워서 못해먹겠다", "근로자를 보호하는 제도만 있고 대표나 사장을 위한 제도는 없다"라는 말씀이었다. 실제로 대다수의 중소기업 대표님들과 사장님들은 사업을 성장시키고 발전시키기 위해 밤낮없이 달리기도 부족해 보이는 경우가 대부분이다.

그러나 사업을 하다보면 매출증대 이외에도 세무, 노무, 법무, 마케팅에 관련된 수 십여 가지 이상의 신경 쓸 항목이 발생된다. 예를 들면 사업의 개시단계에서는 근로계약서 작성이나 노무제도 정비가 필요하고 법인의 경우에는 법인설립이나 법인전환의 과정, 정관정비 등이 필요하게 된다.

사업이 성장하면서 연구소나 벤처기업, 이노비즈나 메인비즈 등의 각종 인증과 법인의 경우 지분이동이나 자산정비의 계획 또한 필요하다. 이후에는 이익환원이나 각종 세무조사에 대한 대비나 승계, 폐업 또는 M&A 등도 고민하지 않을 수 없다.

삼성이나 LG, SK, 현대와 같은 대기업의 경우에는 '미래전략실'이란 팀이 별도로 있어서 많은 돈과 우수한 전문가를 투입하고 온전하게 본인들의 기업을 위해서만 움직이고 투입되어 쓰여 지게 된다. 그런 기반이 갖춰짐으로 해서 외부환경에 보다 적극적으로 대처할 수 있으며, 그것이 기업이 빠르게 성장할 수 있는 힘이 되는 것이다.

미래전략실이 되어 드리자 ...

반면에 중소기업이나 소상공인의 경우에는 외부변화나 미래를 대비한 준비를 하지 못하고 매출을 올리는 데 집중해서 어느 정도 시간이 흘러 안정이 되었다 싶으면 문제가 터지거나 대기업과는 다르게 문제점들이 서서히 나타나게 되는 악순환이 발생되곤 한다. 우리가 중소상공인 기업 대표님들이나 사장님들을 처음 뵙게 될 때 인사말처럼 "대기업의 미래전략실과 같은 역할을 저희가 해 드리겠습니다"라고 말씀드리는 이유이기도 하다.

당장에 중소상공인 기업을 대기업처럼 안정될 수 있게 사회적 구조를 바꾸지는 못한다고 하더라도 중소상공인 기업도 잘 준비할 수 있고 안정적인 성장을 도와드릴 수 있다는 마음으로 이 책을 구상하게 되었고 1년여 간 많은 우여곡절을 겪으면서 이제 활자로 출간하게 되니 감개무량하다는 마음과 더불어 같이 고생하고 논의하며 집필한 김용희/이상수 본인들에게 대견하다는 말을, 스스로 해주고 싶다.

책의 구성과 전개는 ...
처음 집필 당시 기획했던 제목은 "경영의 사계절"이었다.

그 이유는, 그동안의 다른 책들과는 다르게 단발적인 이슈에 대해 논하지 않고 계절별로 분류해 봄, 여름, 가을, 겨울로 4계절이 흐르는 과정의 형태로 끊이지 않고, 자연스럽게 월별로 중소상공인 기업의 사장님/대표님들이 꼭 준비해야 하거나 실행해야 하는 주제들을 중심으로 다루었기 때문이다.

이 책을 읽은 사장님/대표님들이 필요할 때마다, 다시금 그 부분을 찾아보고 참고할 수 있는 "구급상자"같은 도움이 되기를 바란다.

Part 1 겨울의 경영

1월, 2월, 3월에는 해가 바뀌면서 새로운 최저임금에 맞춰 노무에 대해 재정비를 하고, 우리 사업장에 지원되는 지원금이 있는지 점검도 해보고, 대다수 법인의 경우 3월에는 결산에 앞서서 재점검하고 주주총회를 개최하는 이야기로 진행하였다.

Part 2 봄의 경영

4월, 5월, 6월에는 세무일정을 점검하고 법인세 결산한 내용에 대해 잘 신고 되었는지 다시 검토를 해보고 현재 우리 기업의 가치를 평가해보기도 하고, 신용등급도 점검할 것을 제시하였다. 그리고 개인사업자 종합소득세 신고에 대해 살펴보고 성실신고대상에 대해서도 상세하게 설명하고자 하였다.

Part 3 여름의 경영

7월, 8월, 9월에는 이때의 세무일정을 살펴보고 상반기에 대한 결산을 통해 올해 말에 대해 미리 예측해 볼 필요에 대해 설명하였다. 또한 이 시기에는 내년도 최저임금과 세법개정에 대한 발표가 있어서 국가가 어느 방향으로 정책을 펼지 어떻게 대비를 하는 게 유리할지 전략을 세워 본다. 이외에도 정기배당을 안 했다면 중간배당도 고려해보고 각종 인증이나 특허도 알아볼 필요가 있다.

Part 4 가을의 경영

10월, 11월, 12월에는 매년 바뀌는 세법과 확정된 최저임금을 어떻게 적용하고 대비할지 살펴보고 한해를 결산하기 전에 연말 가결산을 해 본다. 그리고 마지막 달에는 임직원특별상여나 퇴직연금을 통한 절세 가능한 내용도 알아본다.

감사의 말씀을 전하며...

가장 큰 감사함의 말씀을 드리고자 하는 분은, 세상에서 가장 사랑하는 어머님, 김진항 여사님이다.

좋은 일이 있어도, "겸손해야 한다" 가르켜 주시고, 나쁜 일이 있으면, "이 역시 지나갈 것이야. 아들! 믿어~"라고 힘을 주셨다. 저자에게 있어서는 가장 큰 스승님이라 자부한다.

사랑하는 어머님께 감사의 말씀을 드리며, 믿고 응원해준 가족들에게도 고마움을 전하고 싶다.

그 외에도 항상 응원해 주신 장영신 이사님께도 많은 감사를 드리고, 아낌없는 자문을 해주신 김상한 회장님, 그리고 친우라는 이유로 고생해 주신 김혁중 교수님과 이영우 교수님, 집필을 권해주신 (주)이큐브의 윤상필 대표님과 이현석 이사님, 함께 글 쓴다고 가장 고생하신 이상수 이사님, 고마운 분들이 너무나 많다.

연말이면 시상식에서 연예인들이 왜 저렇게 많은 이름들을 거론하며 고생하나 했는데, 이제야 이유를 알 것 같다.

언급을 드리지는 못했지만 제 주변의 모든 분들께 이 자리를 빌어 감사의 마음을 꼭 전하고 싶다.

2023년 삼월 첫날에
지은이 김 용 희

도움을 주신 모든 분들께 감사드린다.

책을 준비하고 출간하기까지 많은 도움을 주시고, 영감을 주시고, 용기를 주신 많은 분들께 감사의 인사를 드리고 싶다. 특히 에이큐브 기업연구소의 윤상필 대표님께 깊은 감사의 말씀을 드린다. 많은 가르침과 계속적으로 할 수 있다는 자신감을 불어 넣어주시고 바빠서 시간이 없다는 핑계를 못 대도록 본인은 더 바쁘게 활동하면서도 먼저 출판하는 모습을 보여주셔서 용기를 갖고 해 낼 수 있었던 것 같다.

책을 출간하는 데 도움을 주신 엔터스코리아 양원근 대표님, 아테나북스의 한연우 대표님과 직원분들께도 감사드린다.

그리고 우리 에이큐브 기업연구소의 이현석 총괄이사님에게도 고맙다는 말을 꼭 전하고 싶다. 에이큐브 기업연구소의 의장단으로 같이 활동하고 공저자로 참여한 김용희 센터장님, 이주영 센터장님, 전지혜 센터장님, 장경 이사님, 김미영 이사님, 김수완 이사님, 고영권 이사님, 강구슬 팀장님과 제휴업체의 각 전문가 분들 그리고 CSP 회원 여러분께도 감사드린다.

또한 지금의 자리에 오기까지 도움을 주신 도사공아카데미 대표님, 모두교육 김도균 대표님, 더비즈앤씨이오 류낙형 대표님, 씨엔씨파트너 박해덕 대표님, 레이아웃컴퍼니 조영훈 대표님, 굿파트너스의 김준영 대표님, 이원재 본부장님, 이창수 팀장님, 방경미 팀장님, 지은영 실장님, 박혜연 팀장님, 하기선 팀장님께도 감사함을 전한다.

특히 공저자인 김용희 대표님에게 다시 한 번 고맙고 감사한 마음을 전하고 싶고, 수고 많았다고 칭찬과 격려를 아낌없이 드리고 싶다.

항상 응원을 아끼지 않는 사랑하는 아내 황은주, 아빠를 친구처럼 편하게 대해주는 큰아들 민섭이, 비서실장처럼 아빠를 항상 곁에 두려는 현섭이, 아직도 매일 걱정하시는 어머니 조명자 여사와 황소고집이시지만 큰사위에게는 슬쩍 져주시는 장모님 조정순 여사에게도 감사드린다. 속이 깊은 여동생과 언니보다 형부 편 들어주는 처제들에게도 감사함을 전한다. 조카 하람이의 빠른 건강 회복을 위해 기도하고 있고, 그 외 가족 모두에게 너무 고맙고 감사한 마음을 이 자리를 빌어 말씀 드린다.

2023년 봄이 오는 길목에서
지은이 이 상 수

차례
CONTENTS

프롤로그 중소상공인 기업 대표님/사장님들의 유능한 성장 파트너가 되기를 바라면서 … 4

PART 1 겨울의 경영 15
회사의 1년 운영 계획 수립

- **01** 근로기준법이 바뀌었는데 왜 벌금을 내야 할까? 19
- **02** 우리 회사는 어떤 지원금을 얼마나 받을 수 있을까? 27
- **03** 매년 세법이 바뀌나요? 우리 회사는 유리할까? 불리할까? 51
- **04** 대기업도 아닌데, 비상장기업이 왜 주주총회를 해야 할까? 59
- **05** 세무사가 알아서 해주는데, 서류를 꼭 확인해야 하나? 65

PART 2 봄의 경영 73
꼼꼼함이 최고의 무기이다

- **06** 당연한 부가세! 낼 때마다 벌금 내는 느낌이 들어요 77
- **07** 우리 회사의 주식이 이렇게 비싸다고! 좋은 건가 나쁜 건가? 83
- **08** 우리 회사의 신용등급, 어떻게 올리지? 89
- **09** 연구소를 설립하는 게 중요한가? 사후관리가 중요한가? 97
- **10** 법인세 신고 다했는데, 또 뭘 봐야 한다고요? 104
- **11** 종합소득세 신고, 5월에 하세요? 6월에 하세요? 107

PART 3　여름의 경영　　　　　　　　　　　　　121
성장판을 활성화 시키자

12 연말도 아닌데 결산을 해보라고요?　　　　　　125

13 분기별로 부가세 신고했는데, 확정신고를 또 하라고요?　133

14 내년도에 대한 대비를 지금부터 해야 한다고요?　　136

15 정기배당을 못 받으셨어요? 한 번 더 기회를 드릴게요　143

16 우리 회사는 인증이 필요할까? 특허가 필요할까?　　151

PART 4　가을의 경영　　　　　　　　　　　　　173
결산의 계절 - 1년의 마무리

17 매번 세법은 바뀌는데, 개인이 유리할까? 법인이 유리할까?　177

18 우리 회사의 매출, 어떻게 늘릴 수 있을까?　　　185

19 1년 사업성과 성적표, 미리 받아보세요　　　　193

20 연말이라도 퇴직연금을 통해서 절세 검토해 보세요　203

에필로그　　　　　　　　　　　　　　　　　　　209

부록 _ 1. 근로 관련 각종 서류 양식 모음　　　　　215
　　　 2. 사업자가 알아두면 도움되는 사이트　　　267

겨울의 경영

회사의 1년 운영 계획 수립

연간 세무 일정

　우리나라 세무일정은 크게 매월, 반기별, 분기별, 연간으로 구분해서 살펴 볼 수 있다.
　먼저 월별로 살펴보게 되면, 매달 10일은 원천징수세액 신고납부기한이며, 일용근로자의 매월 지급분에 대한 지급명세서에 대해서는 다음 달 말일까지 제출해야 한다. 또한 프리랜서의 사업소득에 대한 간이지급명세서는 매월 지급분에 대하여 그 다음 달 말일까지 제출하게 되어 있다.
　다음으로 반기별로 살펴보게 되면, 근로소득 상반기 지급분을 합친 간이지급명세서는 7월 말일까지, 하반기 지급분을 합친 간이지급명세서는 이듬 해 1월 말일까지 제출해야 한다. 그리고 이와 별도로 1년분(1.1~12.31) 근로소득에 대한 연말정산 지급분에 대해서는 3월 10일까지 지급명세서를 제출해야 한다.
　개인(일반과세자)사업자의 경우 1기(1.1~6.30)에 대한 확정신고는 7월 25일까지, 2기(7.1~12.31)에 대한 확정신고는 이듬해 1월 25일까지 신고하도록 하고 있다.
　연간 세무일정을 살펴보면, 앞에서 언급한 개인(간이과세자)사업자의 부가가치세 신고납부는 1월 25일에 한 번 있다. 그리고 면세 개인사업자는 2월 10일에 사업장 현황 신고가 있다.
　법인사업자의 경우에는 임의로 회계연도를 정할 수 있다. 사업연도 종료일로부터 3개월 이내에 신고납부기한을 규정하고 있어서 우리나라 대다수의 법인은 12월 말을 사업연도 종료일로 하는 경우가 많아 대부분의 법인이 3월 말이 법인세 신고납부기한이다.
　개인사업자의 경우에는 5월 말이 확정신고 납부기한인데, 성실신고 대상자는 6월 말까지 신고납부하면 된다.
　위에서 정해진 날이 공휴일이나 휴일로 지정이 되는 경우에는 다음과 같은 규정이 적용된다. 즉 「국세기본법」 제5조(기한의특례) 규정에 따라 신고·납부 기한일이 공휴일·토요일 또는 근로자의 날에 해당하는 때에는 공휴일·토요일 또는 근로자의 날의 다음 날이 기한일이 된다.

연간 세무 일정표

월	업 무	월	업 무
1월	- 부가세 확정신고 1/25 - 하반기 근로간이지급명세서 제출 1/25	7월	- 부가세 확정신고 7/25 - 상반기 근로간이지급명세서 제출 7/25 - 국민연금 변경
2월	- 연말정산, 사업장현황 신고 (면세) 2/10	8월	- 법인세 중간예납
3월	- 건강보험 보수총액신고 3/10 - 고용산재 보수총액신고 3/15 - 법인세 신고 3/31	9월	
4월	- 부가세 예정신고 4/25 - 근로자 건강보험료 연말정산 적용	10월	- 부가세 예정신고
5월	- 종합소득세 신고 5/31 - (개인사업자)국민연금, 건강보험 보수 총액신고 5/31	11월	- 종합소득세 중간예납
6월	- 종합소득세(성실) 신고 6/30 - (성실)국민연금, 건강보험 보수 총액 신고 6/30 - (개인사업자)건강보험료 연말정산 적용	12월	- 종합부동산세 납부신고 12/15

겨울(1월~3월)의 주요 세무일정

- 1월에는 25일에 2기(전년도7.1~12.31) 부가가치세 확정신고 납부기한이 있다.
- 2월에는 10일에 면세사업자 사업장현황신고가 있으며,
- 3월에는 12월 결산법인의 주주총회와 더불어 말일까지 법인세 신고납부를 해야 한다.

Chapter 01 근로기준법이 바뀌었는데 왜 벌금을 내야 할까?

> **체크 포인트**
> **포인트 1** 근로기준법은 반드시 준수해야 하는가? 왜 바뀌는가?
> **포인트 2** 사용자가 최저임금에 미달하여 임금을 지급하면 처벌되는가?

많은 사장님, 대표님들과 이야기를 나누어 보면 대부분 본인들의 사업장에 근로자를 고용하여 사업을 영위하고 있는 것을 알 수 있다. 당연히 그만큼 신경을 써야 할 것들이 많이 있음에도 불구하고 모르고 있는 경우를 자주 보게 된다. 예를 들어, 10곳 정도의 사업장을 방문하면 9곳의 사장님은 노무에 관련된 업무에 무관심하거나 서류들에 대해 전혀 모르고 있다 해도 과언이 아닐 정도로 준비가 되어 있지 않은 것을 알게 된다.

10곳 중 겨우 한 곳 정도의 사장님/대표님이 노무서류를 정비하여 가지고 있을 뿐인 것이다. 그렇다면, 그나마 이 한 곳의 운영자가 노무에 관심을 두게 된 것은 어떤 계기가 있어서일까?

사실 원인을 알고 보면 너무 단순하고 우연적인 사건으로 비롯되었음에 놀라지 않을 수 없다. 근로자를 고용하여 사업을 운영하는 경우에는 너무나 당연히 노무 관련 서류를 비치하고 있어야 함에도 불구하고 어떤 사태가 발생하기 전까지는 이에 대해 관심을 두지 않았던 것이다.

결국 아쉽게도, 근로자들의 신고로 인해 벌금과 체불임금이 발생되어 곤혹을 겪어 보신 이후에야 노무 관련 서류를 정비하여 비치하게 된 것이었다. 다소 과장된 이야기일 수 있겠지만, 놀랍게도 열 곳의 사업장이 있다면 열 곳 대부분 노무나 근로기준법에 따른 서류를 정비 및 보유하고 있지 않다는 결론이 나온다.

물론 중견기업이거나 매출의 규모가 큰 회사들은 정비하여 잘 비치하고 있을 것이기에, 여기서는 대부분의 개인사업자 및 중소기업을 위해 이야기를 전개해 보려 한다.

다음의 두 가지 사례를 보면서 구체적인 내용을 살펴보도록 하자.

사례 1 서울에서 작은 카페를 운영하고 있는 개인사업자 김○○ 사장님의 경우이다.

내용 김○○ 사장님은 재작년에 카페를 개업한 후 아르바이트생 두 명을 고용하고 있는 상황이었다.

A와 B라는 아르바이트 분들은 두 사람 모두 주 6일 근무, 하루 5시간의 근로를 해오고 있었다. 연차는 따로 부여하지 않았다.

그러던 중 A라는 아르바이트생이 퇴사를 하게 되었는데, 이때 A가 그동안 쓰지 못했던 연차의 지급과 퇴사에 따른 퇴직금의 정산을 요청하는 것이었다.

김○○ 사장님은 아르바이트의 근로조건이었으며, 정직원도 아니기에 두 가지의 항목을 모두 지급할 수 없다고 하였다.

이에 A는 SNS 및 포털 사이트를 검색하여 자신에 차서 고용노동부에 신고를 하기에 이르렀다. 이때 결과는 어떻게 되었을까?

결과 현행 「근로기준법」상에서 중요하게 보아야 할 사항이 있다. 바로 근로자의 수가 5명이 되는지와 '상시근로자'인지가 쟁점이 된다는 것이다.

이에 대한 자세한 근거와 규정을 <표>로 설명하였으니 정확히 살펴볼 것을 권한다.

5인 미만 사업장에는 어떤 법이 적용될까?

항 목	적 용	관련 법 조항
근로조건의 명시(근로계약 체결)	○	근로기준법 제17조, 기간제및단시간근로자보호등에관한법률 제17조
해고의 예고	○	근로기준법 제26조
휴게	○	근로기준법 제54조
주휴일	○	근로기준법 제55조
출산휴가	○	근로기준법 제74조
육아휴직	○	남녀고용평등과일가정양립지원에관한법률 제19조
퇴직급여	○	근로자퇴직급여보장법 제4조
최저임금의 효력	○	최저임금법 제6조

「근로기준법」을 살펴보면, "주 15시간 미만의 근로를 하는 경우에는 '단기근로자'라 규정"하고 있다.

이와 같은 규정을 근거로 살펴보면, 아르바이트생 A와 B의 두 사람 모두 하루 5시간, 주 6일의 근로를 제공하였으며, 이 경우 '상시근로자'가 되기에 1년 이상 근속을 했다면 퇴직금을 지급해야 한다. 또한 근로기준 계약서와 임금대장 등 모든 서류를 구비하고 있어야 했다.

아쉽게도 김○○ 사장님은 근로기준 계약서만 가지고 있었기에 서류 미비로 인한 벌금까지 추가로 납부하게 되었다.

다만, 근로자의 수가 5인 미만인 경우에는 '연차'를 지급하지 않아도 되기에, 별도의 연차수당은 지급하지 않아도 되었다.

사례2 광주에서 제조업을 하고 있는 법인사업자 이○○ 대표님의 경우이다.

내용 직원들은 6명이고, 주6일 근로에 연차는 따로 없었다. 다만, 이○○ 대표님은 5명 이상인 경우에는 '연차휴가'를 줘야 한다는 사실을 알고 있었다. 이에, 근로자들과 연차를 주지 못하는 대신 급여를 더 준다는 설명을 하였으며, 근로자들도 이에 동의를 하여 근로를 제공해 오고 있었다.

즉, 기본적으로 제공되는 기본급 외에도,

1. 추가로 근무하는 1일에 해당하는 수당

2. 연차를 주지 못하는 것에 해당하는 수당을 모두 지급해 주고 있었던 것으로 보아 비교적 바람직한 근로계약이 작성된 것으로 보인다.

근로자들과는 "기본급 230만원+추가근무 60만원+연차수당 20만원"을 계산하여, 총 310만원을 지급하고 있는 상황이었다.

그러던 중, 근로자 한 명이 퇴사를 하게 되었고 얼마 후 '미지급 수당에 대한 접수'가 발생되어 고용노동청에서 노무관련 서류들을 준비하여 방문을 해달라는 전화를 받게 되었다. 이○○

대표님은 퇴직금도 지급을 마친 상태였기에 의아하게 생각하였다. 오랫동안 함께 일했던 해당 근로자에게 심한 배신감까지 느끼게 되었다.

자, 그러면 어떠한 결과가 발생하였을까?

결과 여기서는 일단, 기본적인 '법정근로시간'에 대한 이해를 하고 설명을 이어가도록 하겠다.

1. 1일 법정근로시간=8시간
2. 1주일 법정근로시간=40시간
3. 1주에 하루는 무급휴가, 하루는 유급휴가(주휴수당)

이○○ 대표님은 이러한 사항들에 대해서는 대략적으로 알고 있었기에 근로자들에게 설명하고 협의를 통해 기본급 230만원 외에도 추가근무 60만원(일주일에 하루 연장근로를 계산한 걸로 추정), 연차수당 20만원(1년에 15일 기준으로 계산한 것으로 추정)을 지급했던 것이다. 실제로 계산을 해본다고 해도, 크게 틀리지 않은 계산이기에 매우 합리적이라고 생각하였을 것이다.

다만, 이렇게 준비를 하였음에도 불구하고 결론은 한 명당 2~3천만 원의 체불임금이 인정되는 상황에 처하게 된 것이다.

어디에 어떤 문제가 있는 것일까?

문제는 '임금대장' 및 '근로기준계약서' 그리고 '임금명세 교부서'였다.

쉽게 알아보는 최저임금 계산법

※ 소정근로시간이 1주 40시간인 근로자가 2023년 1월 급여 2,276,250원을 받는 경우

월급명세서		최저임금에 산입되는 임금		추려낸 임금을 시간당 임금으로 환산
기본급	1,575,000원	기본급	1,575,000원	
직무수당	150,000원	직무수당	150,000원	9,596원(2,005,616원 ÷209시간)은 2023년 최저임금 시간급 9,620원보다 적기 때문에 **최저임금법 위반**
교통비	150,000원	식대·교통비	249,895원*	
식대	120,000원	상여금	30,721원**	
시간외수당	150,000원	계	2,005,616원	
상여금	131,250원	* 식대·교통비 270,000원 중 2023년 월 환산액 2,010,580원의 1%(20,105원)를 초과한 금액		
계	2,276,250원			
*상여금은 기본급의 연 100%(1,575,000원을 12개월로 나눠서 매월 지급)		**상여금 131,250원 중 2023년 월 환산액 2,010,580원의 5%(100,529원)를 초과한 금액		

(* 2023년 기준, 최저임금위원회 배포용 자료 참고)

  '임금대장' 상에는 기본급 외에 '연장/휴일/야간'의 근로 발생에 대해서 구분을 하여 기재해야 한다는 것이다. 또한 '연차수당'이라는 항목도 구분되어 작성이 되어야 한다.

  기본급이나 '차량유지비/식대/직책수당' 등으로 작성하게 되면, 결국 연차수당과 연장수당은 지급하지 않은 것으로 인정하게 되고, 이에 따라 급여를 재계산하여 높아진 시급으로 재지급을 해야 하는 결과가 생기는 것이다.

  이렇게 구분되어야 하는 항목들은 '근로기준 계약서' 상에도 일치해야 하며, 2021년 11월부터 의무교부화된 '임금명세서'와

도 같게 작성되어야 한다. 단지 서류상의 착오이기에 말도 안 되는 억지라고 생각할 수 있겠지만, 신고/접수가 된 이후에는 돌이킬 수 없는 타격을 입게 될 수 있다.

위의 사례에서는 직원이 6명이기에, 한 사람이 체불임금을 받게 되면, 나머지 5명의 연이은 신청 또한 우려되는 것은 당연하다.

핵심정리

1. 노무에 관련된 기초서류는 반드시 구비되어 있어야 한다.
2. 노무사 및 전문가들을 통해 내용이 정확하게 분류되어 작성되어야 한다.
3. 매년 바뀌는 '최저시급'에 맞추어 불이익이 없도록 점검을 해야 한다.
4. 퇴사시 '사직서' 및 '퇴직금 지급확인서' 등은 반드시 서명/보관하여야 한다.
5. 퇴직금의 중간정산 등은 특수한 경우를 제외하고는 인정되지 않는다.
6. 노무에 관련된 신고는 변제되지 못할 시 형사처벌로 연결되기에 더욱 조심해야 한다.
7. 매년 해야 하는 의무교육(성희롱 예방, 개인정보 보호법 등)을 반드시 시행하고 서류를 보관해야 한다.

Chapter 02

우리 회사는 어떤 지원금을 얼마나 받을 수 있을까?

체크 포인트

포인트 1 고용지원금이란 무엇인가?
포인트 2 고용지원금의 성격을 파악해 보고, 우리 회사도 대상이 된다면 신청해보자

    지원금의 종류는 매우 다양하고 많이 있다. 이러한 내용을 알고 있어서 신청을 한다면 조건이나 자격 등의 해당여부에 따라 지원받을 수도 있고, 받지 못할 수도 있다. 혹시 지금은 못 받더라도 조건을 잘 갖추거나 미리 준비해서 미래에는 받을 수도 있다. 그러나 모르고 신청조차 안 한다면 실질은 내용에 해당된다고 하더라도 지원은 전혀 받을 수 없다.

    대표님이나 사장님과 상담 중에 내용은 좋다고 하면서 실행은 안하고 고민만 하고 있는 경우, 누군가에게 들어서 알고 있는 재미있는 유머 중 다음과 같은 이야기를 들려드리곤 한다.

[옛날에 어떤 독실한 신자가 살고 있었습니다. 신자는 부자가 되고 싶었습니다. 그래서 매일 매일 자신이 섬기는 신에게 기도를 합니다.

"신이시여. 저를 사랑한다면 꼭 로또에 당첨되게 해주세요. 그래서 저를 부자로 만들어주세요!"

희망을 가지고 하루 이틀을 지나 몇 날 며칠을 끊임없이 기도를 하다가 소원이 이루어지지가 않으니 결국에는 지치게 됩니다. 신이 본인을 사랑하지 않는다고 생각한 신자는 마지막으로 기도를 하고 신을 떠나려고 마지막 기도를 하게 됩니다.

"아무리 기도를 해도 들어주지 않으시니 저는 당신을 떠나려고 합니다."

이때 신이 그에게 나타나서 이렇게 외칩니다.

"이 답답한 친구야 로또 당첨되고 싶다고 해서 도와주고 싶어서 내가 아무리 노력을 하면 뭐하나. 당신이 로또를 사야지 당첨시켜주지. 나도 너무 짜증났어. 당장 가서 로또부터 사라고!"]

아무리 좋은 혜택이나 기회가 있다고 하더라도 실행을 하지 않거나 모르고 있다면 나와는 상관없는 것들이 될 수 있다. 그래서 좋은 정보를 얻기 위해 많은 노력을 하거나, 도움 되는 좋은 정보를 가진 사람을 가까이 하라는 말을 많이 한다.

실제로 중소기업이 받을 수 있는 지원혜택은 매우 다양하다. 당장 납부해야 하는 세금을 확 줄여 줄 수 있어서 절세에 도움이 될 수 있는 세액공제, 세액감면 등과 같은 세제감면제도, 사업자금이 필요할 때

낮은 금리로 자금조달을 도와주는 직접대출(중소벤처기업진흥공단, 소상공인시장진흥공단)과 간접대출(기술보증기금, 신용보증기금, 신용보증재단 등) 등의 자금조달제도, 정부에서 지원하는 사업공모를 통해 신청해서 채택이 되면 적게는 몇 천만 원에서 수십억까지도 지급해주는 거의 무상지원에 가까운 엄청난 혜택인 R&D 등등 너무나 다양하다.

그리고 고용과 관련된 무상지원금이 있다. 이번 장에서는 위에 나열한 전체를 설명하지 않고 대다수 기업에 해당될 수 있고 바로 신청이 가능한 고용지원금에 대해 과거의 지급사례를 간단히 살펴보고, 좀 더 상세히 설명하겠다.

실제사례 경기도 화성 A사업장

- 10인 미만 사업장, 벤처기업, 성장유망업종, 연구소-연구원 2명
- 월보수액 210만원 기존직원 1명 있음.
- 청년근로자 4명 신규 채용 (월급여 240만원 직원1명, 월급여 300만원 3명)
- 공통적용 : 식대 10만원, 차량유지지원금 20만원

혜택사항 명칭	연간혜택	계 산	비 고
연구인력개발비세액공제	2,250만 원	인건비 9,000만 원*25%	매년 공제
청년고용증대 세액공제	4,400만 원	1,100만 원*4명	최대 3년
청년추가고용장려금	2,700만 원	인당 900만 원*3명	1년으로 축소
청년디지털 일자리사업	1,140만 원	인당 190만원*6개월	미래청년인재 육성사업
합 계	10,490만 원		

(* 현재는 지원금의 이름이나 지원금액이 변경되어 있는 경우도 있음)

위에 나열한 지원금 외에도 일자리안정자금이나 두루누리 사회보험, 청년내일채움공제 등의 지원혜택도 있었지만 빼고 큰 지원금 위주로만 정리해 보았다.

위의 지원금들은 정부가 알아서 그냥 지급 해주는 것은 아니다. 항

상 관심을 갖고 꼭 알고 있어야 신청 가능한 내용이다. 단순히 지원금 1~2천만 원 받는다고 생각하기보다는, 우리 업체의 이익률이 5%된다고 하면 2천만 원의 지원금은 4억의 매출을 올려야 가능해지는 수치이다. 이처럼 큰 혜택이니 만큼 다른 챕터에 비해 지면을 좀 더 할애하여 고용지원금에 대해 좀더 알아보도록 하겠다. 여기서는 2023년에는 지원금이 축소되고 종료된 것들이 있지만 기존 지원금을 받고 있는 회사도 있으니 다양하게 설명하고자 한다.

고용지원금 Part

고용지원금은 고용보험사이트(www.ei.go.kr)를 활용하면 좀 더 자세하게 도움을 받을 수 있다. 지원금의 종류나 금액, 성격에 따라 여러 가지로 분류가 가능하지만 여기서는 가능하면 고용보험이나 고용노동부에서 발표한 내용이나 공시한 자료에 충실해서 설명하도록 하겠다.

고용지원금 신청 시 신청서류나 지원가능한 사람이 조금씩 다를 수는 있지만 근로계약서, 임금대장, 급여이체내역확인서 등 이 세 가지는 필수서류라고 생각하고 신청하고자 하는 지원금에 따라 추가서류나 사업계획서 등을 준비하면 될 것 같다.

고용지원금은 크게 신규채용을 핵심으로 하는 고용창출장려금, 이미 채용한 기존 근로자들의 처우개선을 위주로 지원하는 고용안정장려금, 매출이 없거나 줄더라도 해고하지 않고 기존 고용유지가 핵심인 고용유지지원금, 정부가 가고자 하는 정책적 방향이 반영되어 있는

청·장년고용안정지원금, 그 외 기타 고용장려금 등 다섯 가지로 분류해 볼 수 있다.

1. 고용창출장려금

고용창출장려금은 근로자를 신규로 고용한 사업주에게 지원하는 제도이다.

말 그대로 고용창출은 신규채용이 주요 핵심이기 때문에 주의할 점은 신규 직원을 뽑기 위해 입사이전 일정기간(보통은 3개월이지만 시기별 지원금에 따라 기준요건이 다르기 때문에 지원시기에 따라 각자 정확한 확인이 필요함) 안에 기존 직원을 해고하거나 지원대상이 되는 직원을 일정기간(보통 고용지원금 지원기간) 안에 해고하면 안 된다는 것이다. 이런 경우 신청대상자격이 안 되거나 받은 지원금을 다시 반납해야 한다.

고용창출장려금에는 일자리 함께하기, 국내복귀기업, 신중년 적합직무, 고용촉진장려금, 청년채용특별장려금이 있다. 여기에서는 가능하다면 간단히 언급은 하겠지만 일일이 다 설명하지 않고 중요하거나 지원금 규모가 큰 위주로 안내하고자 한다.

1) 신중년 적합직무

만 50세 이상의 구직자를 신중년 적합직무에 채용한 사업주에게 인건비를 지원함으로써 신중년들의 고용창출을 촉진하기 위한 장려금이다. 만50세 이상의 실업자를 채용(4대보험 가입 전)하기 전에 참여신청서(사업계획서)를 관할 고용센터에 제출 후 승인 시 적합직무에 채용하여 6개월 이상 고용유지 시, 고용한 날이 속하는 다음 달부터 매 6개월 단위로 지급하는데 480만원씩(월80만원) 1년간 총 960만원까지 지원 가능하다(사업주가 지급한 임금의 80% 한도로 지원).

지원 가능한 인원은 직전 보험연도 말일 기준 피보험자수의 30% 이내로, 10명 이하의 사업장의 경우에는 3명까지 지원이 가능하다. 또한 사업주에게는 채용하기 전 3개월부터 고용 후 1년까지 고용유지 의무가 있다.

특이사항으로는 근로계약 기한의 정함이 없는 근로자 채용 시 지원되지만, 현재(변동될 수 있으니 지원시점에는 꼭 재확인 요망) 코로나 등의 상황으로 인해 간호사, 의료기사, 치료사, 재활사, 보건의료 종사자, 사회복지사 및 상담사에 해당하는 직무는 6개월 이상 근로계약 체결만으로도 지원대상이 된다.

2) 특별고용촉진장려금 (종료)

현재는 코로나로 인해 어려워진 중소기업들을 지원하기 위해 조건을 일시적(1차 2020.07.27~2020.12.31, 2차 2021.03.25~2021.09.30, 3차 2021.1.1~3.25/2021.10.1~12.31)으로 완화시켜, 쉽게 지원금을 받을 수 있도록 특별고용촉진장려금으로 진행하고 있다. 따라서 기존 업체 중에 이 기간 중에 특별고용촉진장려금의 조건을 충족했는데 모르고 있었다면 지금이라도 신청가능 여부를 확인해 볼 필요가 있을 것이다(예산이 남아 있다면 일정기간이 지나도 지원 가능할 수 있다).

참고로 최근 경영자문을 요청받아 방문한 기업에서 상담을 하다보니 1차 기간에 조건이 충족된 근로자 2명이 있어서 자세히 안내하고 신청하게 했는데 소급해서 한번에 1천만 원이 넘는 지원금이 나왔다며 감사 인사를 전해 받은 경우도 있었다.

특별고용촉진장려금은 1차와 2, 3차의 조건이 약간 다르기는 하지만 거의 조건이나 내용이 흡사한 게 많고 기준이 많이 완화되어 있는 지원금이다. 2차와 3차 기준으로 볼 때 업체의 지원조건은 4대보험이나 급여의 체불이 없어야 하며 지원대상이 되는 직원을 채용하기 전 1개월부터 지원금 받은 기간 동안 채용한 직원 본인 포함 이전 입사한 직원의 권고사직이나 해고가 없어야 한다. 만약 권고사직 시에는 수급한 지원금 전액을 다시 환수 당할 수 있다.

입사하고자 하는 직원의 조건은 채용일 이전에 워크넷(고용노동부 취업사이트)에 구직등록이 되어 있어야 하고 1개월 이상의 실직기간이 있어야 한다. 또한 채용일 당시 개인사업자로 등록되어 있으면 해당이 되지 않는다(실무를 하다보면 개인사업자로 등록된 분들이 생각보다 많이 있다. 이것 때문에 신청을 못하게 되는 경우도 많으니 채용하기 전 반드시 확인하여야 한다).

지원금은 요건을 충족하는 직원을 채용하고 3개월의 급여이체 내역이 확인되었다면 신청이 가능하다. 일반적으로 3개월씩(지역에 따라 6개월이 지난 후 지급) 신청가능하고 연간 최대 960만원까지 지원된다.

3. 고용촉진장려금

노동시장의 통상적인 조건에서 취업이 곤란한 사람을 고용하는 사업주에게 장려금을 지급함으로써 취업취약 계층의 고용을 촉진하기 위한 장려금이다.

임금체불로 명단공개 중인 사업주나 장애인 고용의무 미이행 사업주가 아니라면 대부분의 사업주가 지원대상이 된다. 국민취업제도 등을 통해 구직자를 고용하여 6개월 이상 고용유지 시, 6개월 단위로 연간 720만원까지 지원하는 장려금이다.

4. 청년채용특별장려금(구 청년추가고용장려금)(종료)

청년(만15세 이상 34세 이하)을 정규직으로 신규 채용한 5인 이상 중소·중견기업(성장유망업종, 벤처기업 등은 5인 미만도 가능)이 지원대상이다. 단, 사행·유흥업 등 일부 업종은 제외된다.

청년채용특별장려금은 고용창출의 성격도 있고 (기존채용인원보다 늘어난 인원이 청년일 때 신청가능) 유지의 성격도 있으며, 양질의 청년일자리를 창출하기 위한 국가의 정책적 성격도 들어가 있는 장려금이라고 생각된다.

지원요건은 2020년 12월 1일부터 2021년 12월 31일까지의 기간에 청년을 정규직으로 신규 채용하고 6개월 이상 고용을 유지해야 한다.

그리고 청년을 추가 채용한 후 전년도 연평균 피보험자수보다 기업의 전체 근로자 수가 증가해야 한다. 즉 청년이 채용되었다고 지급되는 것이 아니라 기존 연평균 근로자수보다 증가된 인원이 청년일 때 지급이 된다.

신청기한은 채용 후 6개월 후부터 9개월 내에 신청해야 한다. 2020년 12월 채용자의 경우 2021년 9월 말일까지 신청이 가능하다.

지원 규모는 2021년 한시 사업으로 총 9만 명이다. 지원 수준은 기업 당 최대 3명까지 한도로 해서 청년 1명 당 연간 최대 900만원까지 지원한다.

2. 고용안정장려금

고용안정장려금은 앞에서도 이야기했듯이 이미 근무하고 있는 근로자의 처우개선을 핵심으로 하는 지원금이다.

학업, 육아, 코로나 등으로 인해 고용불안이 가속될 때 소정근로시간의 단축, 근로 형태의 유연화 등을 통하여 근로자의 계속고용을 지원하거나 기간제 근로자 등을 정규직으로 전환하는 사업주를 지원하여 기존 근로자의 고용안정과 일자리의 질적 향상을 도모하기 위한 장려금이다.

고용안정장려금에는 워라밸 일자리 장려금, 시차출퇴근제, 정규직 전환 지원금, 일가정 양립환경 개선, 출산 육아기 고용안정지원 등이 있다.

1) 워라밸(work-life balance) 일자리 장려금

말 그대로 일과 개인의 삶에 대한 균형을 추구한다는 뜻으로 핵심 키워드는 근로시간의 축소이다. 전일제 근로자가 필요한 때에 소정근로시간을 35시간 이하로 단축시키는 사업장에 대하여 지원금을 지급하는 장려금이다.

지원요건으로는 소정근로시간 단축에 따른 임금감소 보전금과 간접노무비(고정 30만원)를 지원한다. 해당 직원의 조건은 근로시간 단축 개시일 이전 최근 3개월 동안 주 소정근로시간이 30시간을 초과하는 6개월 이상 근무한 근로자의 주 소정근로시간을 15시간 이상 35시간 이하로 단축하게 되면 임금 보전액(최대 20만 원 정액 지급) + 간접노무비 30만 원을 1년 동안 지원 받을 수 있다.

주의할 점은 임금보전액의 경우는 임금감소액을 보전·지원하는 것으로 소정근로시간 단축으로 인하여 시간에 비례하여 감소한 임금보다 사업주가 근로자에게 20만 원 이상을 더 지급한 경우에 지급된다는 것이다.

대체인력 채용 전 3개월부터 지원금 수령기간 동안 근로자 권고사직 시 지급제한 및 환수조치가 있지만 근로자의 귀책사유로 인한 징계해고, 정년, 계약기간 만료, 근로자의 자발적인 퇴직은 감원방지 의무 위반은 아니다.

기업의 조건은 지원사업 개시 전에 취업규칙이나 워라밸에 대한 시행규정을 마련하고 이러한 규정에 의거하여 근로자가 신청하고 사업주가 허용하는 형식을 취해야 한다. 그리고 이러한 것들이 잘 지켜지는지는 지문인식이나 전자카드 등의 출퇴근기 관리가 필수이다.

대표님께 팁을 준다면 직원 수에 제한(간접노무비만 2021년 7월부터 전년도 말일 기준 근로자수의 30%로 제한)이 없고, 승인사항이 아니기 때문에 쉽게 진행 가능한 제도이다.

다만 업무시간은 꼭 지켜야 하기 때문에 그럴 의지가 없는 업체에서는 절대로 신청하면 안 된다.

2) 시차출퇴근제 지원(종료)

유연근무제의 일종으로 기존의 소정근로시간을 준수하면서 출퇴근시간을 앞뒤로 조정하게 되면 지원하는 제도이다. 예를 들면 오전 9시 출근해서 12시부터 휴게시간(점심시간) 1시간 적용하고 오후 6시 퇴근하는 근로자의 경우에, 오전 10시에 출근한다면 오후 7시에 퇴근하고 휴게시간은 13시부터 1시간으로 하면 된다.

해당되는 직원의 조건으로는 소정근로시간이 주 35~40시간이면서, 소정근로시간은 그대로 유지하면서 출퇴근시간을 앞뒤로 1시간 이상을 변경하는 근로자이면 된다.

기업의 조건으로는 사전에 사업계획서를 제출해야 하며 지원사업 개시 전에 취업규칙 등에 시차출퇴근제 지원사업에 대한 규정을 마련해야 하고 그 규정에 의거해서 근로자가 신청하고 사업주가 허용하는 방식을 취한다.

그리고 출퇴근기를 통해 기록을 확인하며 출퇴근 15분 초과 시 인정을 안하고, 당월 지원에서 제외될 수도 있다. 지원금의 수준은 주 1~2회 시행 시 주당 5만원(연 260만 원)이고 주3회 이상 시행 시 주당 10만 원(연 520만 원)이다.

시차출퇴근제는 고용노동부 승인사항으로 신청서 제출 시 승인을 잘 내주기는 하지만 신청한다고 무조건 진행해 주지는 않는다는 점도 참고하기 바란다.

3) 정규직 전환 지원

기간제 근로자 등을 정규직으로 전환한 사업주에게 임금증가 보전금, 간접노무비 등을 지원하여 비정규직 근로자의 처우 개선 및 고용안정을 추구하기 위한 장려금이다.

6개월 이상 고용되고, 계속 근로한 총기간이 2년 이내인 기간제·파견·사내하도급 근로자 또는 6개월 이상 주로 해당 사업장에서 상시적으로 노무를 제공한 특수형태업무 종사자를 정규직으로 전환하거나 직접 고용하여 1개월 이상 고용 유지 시에 전환 근로자 1명당 간접노무비 30만 원(고정)과 임금 상승분이 20만 원 이상일 때만 20만 원 정액으로 지원한다.

이 지원제도도 사업계획서를 제출해야 하며, 지원금은 전환한 날이 속하는 다음달부터 1년 범위 내에서 1개월 단위로 실제 근속기간에 따라 일할계산해서 지급된다.

3. 고용유지지원금

고용유지지원금은 경기의 변동이나 산업구조 변화 등으로 고용조정이 불가피하게 된 사업주가 근로자를 해고하거나 감원하지 않고 근로시간의 조정, 업무시간의 개편, 휴업, 휴직과 같은 고용유지 조치를 실시하고 고용을 유지하는 경우 임금이나 수당을 지원하여 사업주의 경영부담을 덜어주고 근로자의 실직을 예방하고자 지원하는 제도이다.

여기에는 고용유지(휴업), 고용유지(휴직), 고용유지(무급휴업휴직) 등으로 지원하며 사업계획서를 통해 사전에 승인을 받아야 한다.

고용유지(휴업)는 기업 전체가 휴업하는 경우뿐만 아니라 근로시간의 조정이나 교대제 개편 등을 통해 총근로시간의 20%를 초과하여 근로시간을 단축하는 경우에 지원하게 된다.

고용유지(휴직)은 고용조정이 불가피하게 된 사업주에게 소속된 근로자가 해당 사업장 근로자로서의 지위는 그대로 유지하면서 일정한 기간 그 근로자의 직무상 보직이 정지되어 근로제공 의무를 면제하면서 계속하여 1개월 이상 유급휴직을 실시한 경우에 지원하게 된다.

지원금 수준은 상한액 1일 6.6만 원(30일 기준 198만 원)으로 매년 180일 한도로 평균임금 70%의 2/3를 지원하며, 특별업종과 고용위기지역, 집합금지 업종의 경우 90%까지 지원이 가능하다.

고용유지지원금 시행중인 기업에는 고용노동부 점검이 수시로 이루어지기 때문에 회사가 어려움에도 불구하고 고용유지를 위해 필요한 경우에만 신청해야지 주변의 잘못된 컨설팅이나 조언으로 신청하다 보면 낭패를 당할 수 있어 주의해야 한다.

4. 청년·장년고용안정지원금

청년·장년고용안정지원금은 고용창출이나 안정의 성격과 정책적인 성격도 반영된 지원금이다.

청년·장년고용안정지원금은 청년일자리도약장려금과 장년고용안정지원금으로 되어 있다. 여기에는 2020년 12월 31일부로 종료되었던 60세 이상 고령자 고용지원금과 고령자 계속 고용장려금이 있다.

1) 고령자 고용지원금

2021년 1월 1일 이후부터는 지원이 불가하지만 2020년 12월 31일 이전 지원금은 소멸시효(3년) 이내 신청 가능해서 간단히 설명하곤 한다. 정년이 없는 사업장에서 고령자(만 60세 이상)를 일정수준 이상 고용하는 사업주에게 지원금을 지급함으로써 고령자의 고용촉진 및 안정을 도모하는 고용지원금이다.

지원조건은 정년이 없는 사업장에서 고용기간이 1년 이상인 60세 이상 고령자를 업종별 기준고용률(1~23%)을 초과하여 고용한 경우에 지급되었다. 일자리안정자금 지원 대상 근로자는 받지 않았어도 지원금에서 제외된다.

2022년도부터는 고령자 고용지원금으로 변경되어 최소 직전 3년

평균 고령자수(60세 이상, 1년 이상 근무자)보다 매 분기 고령자수가 늘었을 때 분기별로 30만 원씩 2년간 최대 240만 원씩 지원가능하다.

2) 고령자 계속 고용장려금

중소·중견기업의 근로자가 정년 이후에도 주된 일자리에서 계속 일할 수 있도록 기업의 정년 도달 근로자의 고용 연장을 촉진하기 위한 제도이다. 정년이 도래하는 근로자에게 정년을 폐지시키거나, 1년 이상 연장해서 계속 사업장에서 일을 할 수 있게 해주는 기업은 직원별 2년, 사업장은 5년간 지원한다.

지원기업의 조건은 정년이 설정된 사업장에서 정년을 폐지하거나 연장, 또는 정년을 유지하되 정년에 도달한 자를 재고용하는 경우 분기별로 90만 원씩 최대 2년간 총 720만 원까지 지원 가능하다.

3) 청년일자리 도약장려금

2022년도에 신설된 기존 청년추가고용장려금, 청년채용특별장려금을 대체하는 성격의 지원금이다. 기본조건은 5인 이상 사업장에서 입사일 현재 6개월 이상의 실직기간의 취업애로청년을 입사시키면 연간 최대 960만 원이 지원된다(2023년도 1월 1일부터 취업하는 대상자는 2년간 1,200만원으로 확대된다).

예외적으로 지식서비스산업, 문화컨텐츠산업, 신·재생에너지산업, 벤처와 같은 미래유망기업, 청년창업기업 등과 같은 사업장은 1인 이상 사업장도 신청이 가능하다.

그리고 취업대상자가 채용일 기준으로 고졸 이하 학력, 대학 마지막 학기 졸업예정자, 국민취업지원제도 참여 후 최초로 취업, 자영업 폐업 이후 최초로 취업하는 청년 등의 경우에는 실직 기간이 6개월 미만으로 취업하더라도 지원이 가능하다. 신청은 청년일자리창출지원사업누리집(www.work.go.kr/youthjob)을 통해 확인하면 된다.

5. 기타 고용장려금

기타 고용장려금으로는 청년디지털일자리사업, 국민취업지원제도, 시니어 인턴십, 일자리안정자금, 청년내일채움공제, 두루누리 사회보험지원제도 등이 있다. 이 지원금들은 성격이나 유형을 분류하기 애매하고 일시적 사업의 성격이거나 특정계층만 해당되는 지원금의 성격을 가지고 있다.

1) 청년디지털 일자리사업(종료)

가장 많은 관심을 가지고 문의해 주었던 지원금이었는데, 부정수급 등으로 말도 많고 탈도 많아서 현재는 지원 중지중인 지원금이다. IT 활용가능직무에 청년을 채용한 기업을 지원 대상으로, 승인된 기업에는 월 최대 190만 원씩 6개월 동안 최대 1,140만 원을 지원받을 수 있는 규모가 매우 크고 유용한 지원금이다. 지원 가능한 기업의 조건은 상시근로자 5인 이상이 원칙이지만 예외적으로 벤처기업이나 지식서비스산업, 성장유망업종, 혁신형 중소기업, 청년창업기업 등은 5인 미만이라도 가능하다.

지원하는 청년은 만15세 이상 만34세 이하(단, 군필자는 복무기간에 비례하여 만39세 이하까지 가능)로 3개월 이상의 소정근로 15시간 이상 최저임금 이상의 근로계약을 체결해야 한다. 계약종료 후 정규직 전환이 가능하며 전환 이후에는 요건 충족 시 청년내일채움공제로도 연계참여가 가능할 수 있다.

사업계획서를 사전에 신청하고 운영기관의 검토 및 승인을 거치고 채용하면 된다. 지원 방법은 워크넷-청년 디지털 일자리 홈페이지(www.work.go.kr/youthjob)에서 온라인 참여가 가능하다. 예산이 소진되면 안 되기 때문에 가능하면 빨리 신청하는 것이 좋은데 매월 임금 지급 후부터 채용 후 9개월차(첫달 포함) 말일까지만 운영기관에 신청 가능하다.

2) 국민취업지원제도(고용촉진장려금), 국민취업지원제도 일경험 프로그램

고용촉진을 위한 제도로써 취업을 원하는 구직자에게 취업서비스를 종합적으로 제공하고, 저소득 구직자에게는 최소한의 소득도 지원하게 된다. 국민취업지원제도 참여를 위한 자격요건에 부합하는 구직자는 고용복지+센터에서 관련서비스와 수당을 지원받을 수 있고, 기업은 요건이 적합한 구직자를 채용함으로써 지원금을 받으면서 필요 인력을 고용할 수 있다. 고용촉진장려금 지원대상이 되는 자를 6개월 이상 고용하는 경우 최대 720만 원까지 지원받을 수 있다.

국민취업제도 일경험 프로그램은 수급자의 직장 적응능력·직무향상을 지원하여 일경험프로그램 종료 후 채용 가능성을 제고하는 프로그램이다. 참여기업 요건은 고용보험 피보험자수 5인 이상(단, 벤처기업, 지식서비스산업, 문화컨텐츠사업 등은 5인 미만도 가능)의 대·중견·중소기업 등으로 온라인(www.work.go.kr/kua/index.do) 신청 또는 일경험프로그램 운영기관을 통해 신청 가능하다. 단순하고 보조적인 업무의 체험형(직무체험)과 직무역량 향상에 도움이 될 수 있는 인턴형(직무수행) 등의 유형이 있다.

2022년에는 더욱 지원이 강화되어 이 제도를 통한 대상자를 취업시키는 기업에게는 고용촉진장려금을 지급하고, 청년인 경우에는 바로 입사하더라도 청년일자리도약장려금 지원대상이 된다.

3) 시니어인턴십

보건복지부 재정지원사업으로 만60세 이상인 자를 고용할 의사가 있는 4대 보험 가입 사업장 중 근로자 보호규정을 준수하는 기업에게 일반형(1인당 최대 240만 원 지원), 장기취업유지형(1인당 총 280만 원) 등으로 기업지원금이 있다.

4) 새일여성인턴제

장기간 경력단절여성 등이 취업 후 직장에 적응할 수 있도록 지원하는 제도이다. 여성새로일하기센터(saeil.mogef.go.kr)에 구직등록한 여성이 인턴종료 후 3개월 고용 유지 시 60만 원의 지원혜택을 받을 수 있고, 기업은 인턴 채용 시 월 80만 원씩 3개월 지원하고, 인턴 종료 후 3개월 유지 시에 취업장려금 80만 원을 지원하게 된다. 1인 총액 380만 원(기업 240만 원, 인턴 장려금 60만 원, 기업 장려금 80만 원)의 지원혜택이 있는 제도이다.

5. 일자리안정자금(종료)

사업주 요건은 30인 미만(예외, 공동주택 경비업, 청소원 고용사업장은 규모에 상관없음. 55세 이상 고령자 고용 사업장, 고용위기 및 산업위기 지역의 사업장이나 사회적기업 등은 30인 미만도 가능) 고용사업주로써 과세소득 3억 원 초과자는 해당되지 않는다.

근로자 요건은 일용직은 하루 100,500원 이하, 일반근로자는 2021년 기준 월 보수 219만 원 이하로 근로자이며 고용보험에 가입되어 있고 최저임금을 준수해야 한다.

일자리안정자금은 최저임금의 급격한 인상에 따른 소상공인, 소기업을 보호하기 위해 나온 보완자금으로, 다른 지원금들과는 만들어진 출발점이 다르기 때문에 대부분의 지원금과 중복수급이 가능하다(청년디지털일자리사업, 60세 이상 고령자지원금은 중복제외).

5인 이상 사업장은 1인당 월 5만 원을 지원하고, 5인 미만 사업장은 월7만 원까지 지원한다. 단시간근로자 및 일용근로자는 상용근로자의 지원수준을 고려하여 주 10시간 미만의 단시간근로자나 월 10일 미만인 일용근로자는 지원되지 않지만, 주 30시간 이상 40시간 미만의 단기근로자는 4만원, 월 22일 이상 근로하는 일용근로자의 경우 5만원으로 차등 지원된다.

2022년에는 5인 이상·미만 사업장에 상관없이 보수 230만원 미만 근로자 기준 3만 원씩 지급되었으며, 6개월 지급 후 하반기에 종료될 예정이다.

6) 두루누리 사회보험

근로자 수가 10명 미만이고 월평균 보수가 260만 원 미만인 소규모 사업을 운영하는 사업주와 소속 근로자의 사회보험료 중 국민연금과 고용보험료의 일부를 국가에서 지원함으로써 사회보험 가입에 따른 부담을 덜어주고, 사회보험 사각지대를 해소하기 위한 국가지원 사업이다. 월 평균 보수는 비과세 부분을 제외한 급여이기 때문에 대상이 크게 확대되었다.

2021년부터는 신규가입자에게만 월단위로 최대 3년 동안 국민·고용보험료 80% 감면의 혜택을 지원한다. 특히 국민연금은 4.5%씩 사업주, 근로자가 부담해야 하는데 80%가 지원되기 때문에 혜택이 상당히 크다고 볼 수 있다. 과세표준액 합계가 6억 이상이거나 종합소득이 4,300만 원 이상인 경우는 지원금 제외 대상이다. 보수월액에 따른 정확한 지원금은 두루누리 홈페이지와 계산기를 통해 확인 가능하니 애매하거나 잘 모르겠다면 활용해 보기를 추천한다.

7) 청년내일채움공제

중소·중견기업에 정규직으로 취업한 청년들의 장기근속을 위하여 고용노동부와 중소벤처기업부가 공동으로 운영하는 제도로써 청년근로자는 장기근속과 목돈 마련의 기회를 갖게 되고 기업은 우수한 청년인재 확보의 기회를 갖게 된다.

청년·기업·정부가 공동으로 공제금을 적립하여 2년 근속한 청년에게 성과보상금 형태로 만기공제금을 지급하게 된다. 청년은 월 16만 원씩 20개월과 이후 4개월 20만원을 납입, 총 24개월 납입(총400만 원 납입)하게 되면, 만기 시에 기업부담금 400만 원, 정부지원금 400만 원의 지원금과 이자 상당액을 받게 된다.

2023년 개편으로 지원기업의 경우 50인 미만의 제조업, 건설업 중소기업만으로 제한되었고 가입대상은 15세~34세 청년이어야 하며 연소득은 3,600만 원 이하로 제한된다. 즉, 청년은 400만원을 납입하고 만기 시에 1,200만원+알파라는 큰 혜택을 갖게 된다.

대표님들이 젊은 인재를 채용하고자 한다면 이를 적극적으로 활용할 필요가 있다. 2023년부터는 기업부담금의 형태로 기업이 직접 400만 원을 적립하고 정부지원금도 400만 원을 지원하는 내용으로 변경되었다. 청년내일채움공제는 청년일자리도약장려금과 중복 지원도 가능하기 때문에 만약 대상자가 있다면 이를 적극 활용하기를 권한다.

제조업과 건설업으로 축소되어 아쉽지만 이쪽 업종에서 사업하는 대표님들은 유능한 청년인재의 장기근속제도로 잘 활용하기를 바란다.

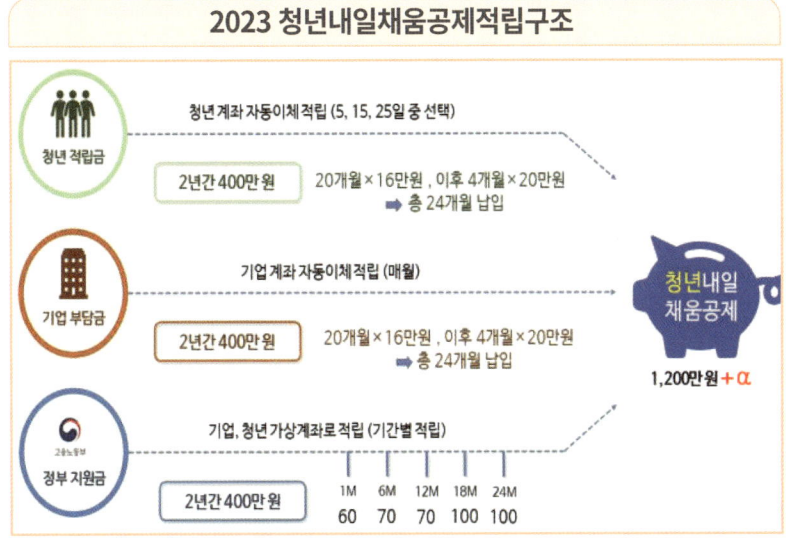

핵심정리

2023년 국가나 지자체에서 지원되는 고용지원금은 이것만 기억하자. 국가는 지원금을 아래의 다섯 가지 유형 중 하나만 지급한다.

첫째, 고용창출장려금(직원을 채용할 때), 둘째, 고용안정지원금(근무하고 있는 환경의 개선을 통해 업무환경의 안정을 꾀하고자 할 때), 셋째, 고용유지지원금(경기나 산업의 변동으로 현재의 상황이 좀 어려워도 고용을 안정시키고자 할 때), 넷째, 청년·장년고용장려지원금(고용창출과 고용안정과 정책적인 성격을 반영한 지원금), 다섯째, 기타 지원금으로 나누어 기억하면 좀 더 이해하는 데 도움이 될 것 같다.

이 유형에 해당되는 대표 지원금을 괄호 안에 넣어보면 다음과 같다.

1. 고용창출장려금(신중년적합직무고용지원, 고용촉진장려금, 일자리함께하기, 국내복귀기업지원)

2. 고용안정장려금(워라밸일자리지원사업, 정규직전환, 일·가정양립환경개선, 출산육아기고용안정지원)
3. 고용유지지원금(휴업, 휴직)
4. 청년·장년고용장려금(청년일자리 도약장려금, 고령자(계속)고용지원금)
5. 기타 고용장려금(시니어인턴십, 새일여성인턴십, 청년내일채움공제, 두루누리사회보험)

다섯 가지의 유형만 기억하고 여기에 해당이 될 것 같으면 괄호 안의 지원금이 해당이 되는지를 확인해 보면 된다. 또한 해당이 된다면 기다리지 말고 예산이 소진되기 전에 바로 신청을 해서 도움을 받는 것이 중요하고, 사후관리를 어떻게 해야 환급이나 지원중지 등의 불이익을 받지 않는지 꼭 확인하자.

Chapter 03

매년 세법이 바뀌나요?
우리 회사는 유리할까? 불리할까?

> **체크 포인트**
>
> **포인트 1** 세법이 바뀌면 어떻게 대응해야 우리 회사에 유리할까?
> **포인트 2** 누구에게 도움을 받아야 할까?

경제상황이나 산업구조와 같은 시대의 흐름이나 정치적 방향에 따라 정책도 변화되고 여론들도 바뀌게 된다. 이에 따라 국가 재정에 직접적으로 영향을 주는 세법도 매년 바뀌고 보완하고 적용되고 있다.

이렇게 매년 7월 말이나 8월초 경에 기재부에서 개정세법이 발표되어 안내하게 되면 대표님들이 공통적으로 묻는 질문이 있다.

"내년도에 바뀌는 세법이 우리 회사에는 유리해질까요? 아니면 불리해지나요?"

바뀌는 세법이 어떤 식으로 적용되느냐에 따라 유리해질 수도 있고, 불리해질 수도 있지만 이에 따른 대응전략을 어떻게 세우느냐에 따라 기업이나 대표님들에게 적용되는 이익은 극대화하고 손실은 최소화할 수 있을 것이다.

    정부는 매년 세법개정안에 대한 내용을 기획재정부를 통해 발표하게 된다.

    우리는 이 내용을 가지고 자문해 드리는 업체에 방문해서 내년도 정부의 세무정책 방향에 대해 고민하고 전략적으로 어떻게 대처하는 것이 나을 지 논의를 한 이후에 올해 바로 실행해야 하는 업무와 시간을 두고 미래에 실행해야 하는 업무를 분류하게 한다.

    우리는 우리가 자문·관리하고 있는 동안만이라도 업체의 미래전략실, 비전전략실과 같은 역할을 하는 그 회사에 소속된 일원이 되고자 노력한다.

    실제 세법개정안에 대한 과거의 사례를 두 가지만 살펴보기로 한다.

스탁옵션

첫째는 새로운 인재에 대한 영입이나 기존 핵심인재에 대한 비전을 주고 싶어서 고민 중이던 세 분의 대표님들과 상담 중에 스탁옵션이라는 제도를 설명하였던 사례이다. 모두 이 제도에 대해 매우 만족해 하였다.

이후 바로 진행을 하지 못하고 업무가 매우 바쁜 관계로 차일피일 미루다가 2016년 1월 1일부터 비상장주식의 양도소득세가 변경(10%~20%)되는 부분에 대해 안내하였고, 두 분은 바쁘지만 가장 경쟁력 있는 시기이니 만큼 미루지 않고 자사주에 대한 실행을 선택하였고, 한 분은 진행을 못한 상황이 발생하였다.

지금은 세금에 대한 내용이 3억 미만 20%, 3억 이상 25%이니 더욱 많은 차이가 생기게 되었다.

차등(초과)배당의 적용기준 변경

둘째, 2020년의 말의 경우에는 세법개정안 중 차등(초과)배당의 적용기준이 변경되어 많은 분들이 문의해 주었고 실행도 하였으며, 때를 놓쳐버린 케이스도 있었다.

일반적인 경우는 대표님이 회사로부터 급여를 받거나 배당에 대해 30~40%의 소득세를 내고 꾸준히 모은 자산을 향후에 상속으로 자녀에게 물려줄 때 40~50%의 세금을 또 내게 된다. 그래서 세금만 내다가 끝나는 것 같다고 불평을 말하는 경우도 많이 보았다.

그런데 이 경우에는 소득세나 증여세를 계산해서 이 중 큰 세금 하나만 내면 되는 차등배당을 잘 활용하면 매년 1억씩 10년 동안 총 10억을 가져가도 15.4% 정도만 내면 되는 엄청난 효과가 있었는데, 이 내용이 소득세를 제하고 난 이후 또 증여세를 납부하는 방식으로 개정되면서 실익이 줄어든 것이다.

실질은 증여의 내용을 띄지만 증여한도에는 안 들어가는 자금출처 소명에 매우 좋은 내용이었지만 이제는 10년 이내 증여공제한도를 차지하는 내용으로 변동된 것이다.

이때를 잘 대비해서 실행하신 대표님들은 지금도 싱글벙글하고 있지만, 실행 못한 대표님들은 우울한 표정을 짓고 있으니 세법개정안을 잘 살펴보고 잘 대비하는 것이 얼마나 중요한지 절실하게 느끼게 되었을 것이라 생각된다.

이월과세대상에 주식 포함

2021년도에 세법개정안이 발표되었지만 2023년 1월 1일부터 적용되는 이월과세대상에 주식도 포함된다는 내용이 있다. 기존의 절세방법으로 가장 좋은 방법 중의 하나였었는데 이것도 악용된다는 판단 하에 변경을 하게 된 것으로 보인다.

간단하게 설명하면 배우자에게 증여(6억까지 공제 가능)하면서 취득가액(증여가와 동일)을 높인 뒤 이를 양도하면 증여세와 양도소득세가 없거나 줄일 수 있는 효과를 거두게 된다.

예를 들면 비상장주식 1억을 매수했는데 시간이 일정기간 지나니 주가가 4억이 되어서 매도하려고 한다. 이런 경우 양도차익은 매도가에서 취득가를 뺀 3억 정도에 대해 양도소득세를 내야 한다. 대략 20%의 세율이라고 가정해도 6천만원 정도의 세금을 내야 하는 것이다.

이런 경우 배우자에게 주식을 4억에 증여하면 배우자 공제범위 내에 포함이 되면서 증여세는 발생하지 않고, 바로 양도를 하게 되면 증여받은 4억이 취득가가 되어 양도차익이 발생하지 않아 양도세도 절세할 수 있게 되는 것이다.

이렇듯 배우자가 주식을 증여받은 뒤 바로 팔아도 취득가액은 증여가액으로 계산하게 된다. 부동산이나 분양권 등은 증여받고 5년 내에 팔면 배우자 이월과세 규정이 적용되기 때문에 바로 팔게 되면 증여자의 취득가액으로 계산되기 때문에 실익이 없어서 바로 양도를 못했지만 주식은 이월과세 규정이 적용되지 않았었다.

그러나 2023년 1월 1일부터는 세법개정으로 인해 이월과세 대상에 포함하게 되었다. 단, 1년 이내 양도할 때만 적용된다. 혹시나 편법적인 부분이 아닌 실질 매도계획이 있는 분들은 올해까지는 주식이 이월과세 대상이 아니니 적극 검토해 볼 것을 제안한다.

2023년 세법개정안의 주요 내용

2023년 세법개정안이 2022년 7월 21일에 발표되었다. 가장 큰 틀은 민생안정과 경제활력 제고라는 카테고리로 여러 가지 안이 제안되었다. 법인세 과세체계 개편, 통합고용세액공제 신설, 가업상속공제 실효성 제고, 양도소득세 폐지 및 증권거래세 인하, 소득세과세표준 구간 조정, 종합부동산세 과세체계 개편, 글로벌 최저한세제도 도입 등이 대표적인 세부안들이다.

또한 부동산 매매시 양도소득세를 줄이기 위하여 취득세를 높이는 데 가장 많이 활용되는 배우자에게 증여하여 5년이 경과한 후에 양도하면 증여가가 취득가가 되는 배우자 이월과세에 대한 기간이 5년에서 10년으로 연장되는 안이 포함되어 있어서 많은 관심이 쏠리고 있다. 물론 통과가 되었을 경우에 이러한 것들이 시행되지만 정부의 방향이 어느 곳으로 향하고 있는지를 예측할 수 있기 때문에 계획하고 있는 것들이 있다면 언제 실행할지 준비하는 것도 꼭 필요하다.

따라서 2022년이 지나기 전에 부동산을 증여하였다면 상당히 유리한 선택을 한 것으로 보인다.

2023년 1월 1일부터는 부동산 증여 시에 취득세 과세표준이 공시가격에서 시가(또는 시가인정액)으로 변경되었고, 이월과세가 10년이 경과해야 하는 것으로 정해졌기 때문이다.

이처럼 세법은 대체로 매년 새로 개정되기 마련이고 따라서 개정된 세법을 빨리 파악하는 것이 회사 경영에도 매우 중요한 필수적인 과정임을 다시 한 번 상기할 것을 강조한다.

세법개정의 절차

여기서는 세법개정의 절차에 대해 간략히 살펴보기로 하겠다.

내년도 세법개정안은 보통 7월말이나 8월 초경에 기재부를 통해 발표된다. 이후 각계각층의 의견을 수렴하여 개정법률안을 국회에 제출하여 상정하고, 정기국회에서 법을 개정 또는 확정한 후 다음해 2월 초에 최종적인 세법 시행령이 공포되는 절차를 거치게 된다. 이러한 결과가 유리한지 불리한지는 어떻게 대응하느냐에 따라서 크게 달라질 수도 있을 것이다.

그리고 세법개정안을 보면서 내년도 정부의 생각은 어디에 관심이 있는지 그에 따른 예산은 어떻게 바꿀지, 비중을 어떻게 할지에 따라서 투자의 방향이나 대응전략을 수정할 필요 또한 분명하다.

그동안 많은 업체가 개정되는 세법을 어떻게 바라보고 준비했느냐에 따라 많은 변화가 있었던 것을 실증적으로 보아왔다.

앞에서 말씀드렸던 내용 외에도 개정된 세법 중에 퇴직금에 대한 중간정산 대응전략의 수립, 대통령령으로 정해지는 퇴직금 배수의 적용 등을 선제적으로 잘 활용할 수 있도록 업체에 자문해준 경험 또한 부지기수이다.

반면에 동일한 정보를 전달해 주었음에도 본인의 상황을 정확히 말해주지 않았거나, 바쁘다는 핑계로 미루었거나, 대표님 본인의 실행력 부족으로 진행을 못하고 나서 지금도 후회된다며 볼 때마다 울상을 짓는 대표님들도 있어 안타까울 때가 이만저만이 아니다.

다시 한 번 강조하지만 업체를 경영하는 대표님 스스로가 항상 관심을 갖고 확인하는 습관이 꼭 필요하고 반드시 도움이 된다는 것이다. 그러나 업무가 바빠서 따로 확인하는 게 어려운 상황이라면 정확한 지식과 분석력을 갖고 도와줄 수 있는 전문가를 꼭 옆에 두어야 한다.

핵심정리

우리 회사에 유리했던 법이 불리하게 바뀐다면 안 좋을 것이고, 불리했던 법이 유리하게 바뀌거나 새로운 법이 생긴다면 도움이 되는 것은 당연하다. 대부분의 일들이 그렇듯이 유리한 것들은 우리 회사에 유리하게 적용하거나 잘 활용해서 극대화시켜야 한다.

중요한 것은 항상 귀를 열어 놓고 있어야 하고, 이러한 정보를 우리 기업에 맞게 잘 해석하고 적용할 수 있는 직원을 채용하거나, 이러한 정보를 제대로 적용할 수 있는 전문가에게 지속적인 도움을 받아야 할 것이다.

Chapter 04
대기업도 아닌데, 비상장기업이 왜 주주총회를 해야 할까?

> **체크 포인트**
>
> **포인트 1** 주주총회를 하는게 우리 회사에 도움될까?
> **포인트 2** 주주총회를 할 때 어떤 안건으로 진행하면 될까?

"그동안 한 번도 주총을 안 했었는데, 주주총회를 해야 하나요?"

"대표도 보수계약서를 작성해야 하나요?" 등의 질문을 많이 받아왔다.

"네 해야 합니다."

"네. 필요합니다."라고 대답하면 공통적으로 가장 많이 하는 이야기가 "지금까지 아무 문제없었으니 그냥 넘어가도 되지 않을까요?"라고 한다.

지금 이 글을 보고 있는 대표님들은 어떤 생각을 하고 있을지 사실 매우 궁금하기까지 하다.

적절한 사례인지는 모르겠지만 이런 경우 우리는 이렇게 질문을 하게 된다.

"대표님 음주운전을 하더라도 사고를 내지 않고 음주단속에 걸리지 않으면 음주하고 운전하는 것이 괜찮다고 생각하시나요?"

주식회사는 돈을 가지고 있는 사람(주주)이 자본금을 내고, 일을 잘 할 수 있고 유능한 사람(임원)을 채용해서 사업을 하는 곳이다. 그래서 돈을 낸 주주가 내가 선임한 임원이 일을 제대로 했는지 평가해서 칭찬이나 훈계나 혼을 내고 이에 따라 보수도 책정해 주고, 사업하고 남은 돈에 대해 가져올지(배당) 그냥 두고 더 투자할지 결정하는 회의를 일 년에 한 번씩은 하게 되는데 이를 주주총회라고 생각하면 된다.

상법 제365조에 따르면 주식회사는 1년에 한번 정기총회를 하도록 규정하고 있다.

그리고 필요에 따라 수시로 소집할 수 있는 임시총회도 개최할 수 있다. 정기 주주총회는 매 사업년도 종료 후 3월 이내에 개최해야 하는데 보통 12월 말에 결산하는 회사가 대부분이기 때문에 보통의 회사는 3월 말까지 주주총회를 열어야 한다.

주식회사는 주주가 회사의 실제 주인이기 때문에 주주들이 모여서 회사의 의사를 결정하게 되는데, 이러한 의사를 결정하는 필요기관이자 최고기관이 주주총회인 것이다.

우리가 자문하고 있는 대부분의 회사는 정기 주주총회에서는 대표적으로 재무제표 등의 승인과 이익배당에 관한 결의를 주목적으로 하여 임원의 선임 및 임원의 보수한도 승인 등을 결정하고 있다. 주주총회는 대부분 보통결의가 적용되지만, 정관변경이나 이사나 감사의 해임, 자본금 감소, 영업 양도 등의 사항은 특별결의가 필요하다.

이렇게 중요한 것이 주주총회이기 때문에 총회의 소집부터 법적인 절차를 준수해야 함은 물론 주주의 의사에 대한 의사록을 만들어 놓아야 한다.

조금은 딱딱하고 어려울 수 있는 내용이지만 꼭 확인해야 할 내용이기에 강조하여 기술하였다.

실무적으로는 주주총회를 준비하면서 여러 가지 필요사항에 대해 점검해주기도 한다. 대표님의 보수계약서에 대해서도 꼭 점검해야 하는 시기임을 강조하는 것도 빠뜨리지 않는다.

우리가 소개로 자문을 요청받아 처음 방문해서 보면 아직도 보수계약서를 작성하지 않고 있는 대표님들이 상당히 많은 것을 보게 된다. 민법 제686조, 상법 제388조에 의하면 대표자는 법인과 위임관계라고 규정되어 있다. 즉 근로자가 아닌 위임관계이기 때문에 이에 따른 구체적인 보수계약서가 작성되어 있어야 법인 입장에서도 손금으로 처리가 가능하게 되는 것이다. 실제로 보수를 지급하였음에도 불구하고 회사에서 비용으로 인정을 못 받는 사례가 종종 발생하고 있으니 각별히 신경을 써야 한다.

그리고 배당에 대해 많은 의견을 나누게 된다. 실제로 배당을 받는 게 유리할 때가 있고, 유보하는 게 유리할 때가 있는데 이와 상관없이 그냥 무작정 유보하고 있는 대표님들도 많다.

법인에 그냥 쌓아만 두게 되면 이익잉여금이 커지게 되는 것은 당연하다. 물론 투자나 다른 목적이 있는 경우에는 그 목적에 맞게끔 쌓아두는 것이 좋은 전략이 될 수 있지만, 필드에서는 무작정 쌓아두었다가 이를 해결하기 위해 도움을 요청해오는 경우를 여러 번 경험하였다.

사업초기에는 배당하기가 어렵더라도 어느 정도 시간이 지나 순이익이 나는 법인이라면 적정한 배당이 도움이 되는 경우가 오히려 많다. 정기배당이 힘들다면 중간배당을 활용하는 것도 좋은 방법이 될 수 있다. 특히 주주가 분산되어 귀속처가 다르게 잘 구성되어 있는 경우라면 좋은 절세 효과도 볼 수 있으니 주변의 세무, 회계 전문가나 경영자문 전문가를 통해 실행을 검토해 볼 것을 추천한다.

필자의 경우 등기사항 또한 이때 다시 한 번 꼭 검토해 주는 것을 잊지 않는다. 보통 임원의 중임이나 사임 등에 관한 것도 살펴보지만 대표이사의 주소 변경내역에 대해 유심히 체크하는 편이다. 전혀 모르고 있다가 과태료를 많이 내는 사항 중 하나가 대표이사가 이사를 했는데 자택 주소변경 등기를 하지 않았다가 차후에 과태료가 많이 나와서 난처해하는 사례가 의외로 자주 발생하기 때문이다.

이 책을 읽은 대표님들은 (12월 결산법인이라고 가정하고)매년 3월이 되면 주주총회를 개최하는 습관을 만들어 가길 꼭 권하고 싶다. 가능하다면 전문가의 도움이나 자문에 따라 정확하게 절차를 지키고 양식을 작성하고 보존해 나가는 습관도 필요하다. 소규모의 중소기업의 경우에는(가족 위주의 주주구성과 자본금 10억 미만 사업장 등 - 형식이나 절차는 인터넷 검색을 통해 확인할 수 있다) 조금은 간단하고 형식적일지라도 우리 회사의 1년간의 성적과 이를 통해 향후 나아가야 할 방향이나 경영 방법 등을 계획해 본다면 분명 큰 도움이 될 것이라고 확신한다.

혹시 그래도 인터넷 검색하는 것도 이런저런 이유로 어렵다고 생각하는 대표님들을 생각하여 간단하게 주총을 개최할 수 있는 방법을 안내하니 참고하여 진행해 보기 바란다. 보통 자본금 10억 미만이고, 이사회가 없는 법인이라고 가정하면, 우선 주주총회 개최일 2주 이전에 주주들에게 본사 회의실에서 주주총회를 몇 날 몇 시에 하겠다고 작성한 안내장을 우편이나 메일로 발송한다. 그리고 보통 주주총회의 안건은 '직전년도 재무제표 승인에 관한 건', '이사 보수 지급에 관한 건', '감사 보수 지급에 관한 건', '정기 배당에 관한 건', '정관변경에 관한 건' 등이 대부분이기 때문에 여기에서 해당되는 안건만 순서대로 진행을 해보고, 주주총회에 대한 기록도 남기고, 이를 매년 3월에 정기적으로 진행하여 습관화 한다면 반드시 큰 도움이 될 것을 믿어 의심치 않는다.

핵심정리

상법상 주주총회는 1년에 최소 한 번은 하게 되어 있다. 그것이 보통 우리가 알고 있는 3월 말경에 하는 정기 주주총회이다. 회사의 실제 주인인 주주가 모여서 1년간의 사업성과를 보고 받고, 일을 맡긴 임원들이 얼마나 잘 했는지에 따라 보수는 어떻게 줄지, 벌어들인 소득을 장기적인 투자를 할지 또는 배당할지에 대한 논의가 이루어지는 행사이다. 대기업만 주주총회를 하는 것이 아니라 주식회사인 법인이라면 규모가 크고 작음에 상관없이 해야 하는 행사이다. 주주총회를 하면 이때의 안건을 기록해 남겨 놓아야 하는데 이를 주주총회 의사록이라고 한다. 이때 작성한 주총 의사록은 5년간은 보관해야 한다

Chapter 05
세무사가 알아서 해주는데, 서류를 꼭 확인해야 하나?

체크 포인트

포인트 1 기장세무사는 회계전략을 해줄 의무가 없다. 누가 할것인가?
포인트 2 업종별 기본공제 항목이 있지만, 누락되는 경우가 많다.

중국의 속담 중 이러한 말이 있는 것으로 알고 있다.
"가혹한 세금은 호랑이보다 무섭다."
과연 누가 이러한 이야기를 했을까?
바로 우리가 잘 알고 있는 공자의 말이다.
그 옛날에도 세금이 무섭긴 무서웠던 것 같다.

사업을 하시는 사장님/대표님들은 1년에 한 번씩 사업자의 세금을 결산해서 신고를 해야 한다.

개인사업자인 경우는 5월에 종합소득세 신고를 해야 한다. 사업자가 곧 사장님과 동일 시 되기에 대체로 사장님의 세금신고와 더불어서 신고가 마무리 된다고 할 수 있다. 다만, 업종별로 일정 금액 이상의 매출이 발생한 경우에는 6월에 성실신고를 하게 된다. 이에 대한, 자세한 사항은 "제11장 종합소득세 신고, 5월에 하세요? 6월에 하세요?"에서 자세히 다루고 있으니, 참고하면 된다.

지금부터는 법인사업자인 대표님들이 대부분 확인을 하지 못하고 넘어가는 경우가 있는 3월의 '법인세 신고'에 대한 이야기를 하려고 한다.

법인사업의 경우는 개인의 소득세 신고 외에 매년 3월에 직전 1년간의 매출과 비용 등의 결산을 하여 법인세를 납부하기 위한 신고를 하게 된다.

그렇다면, 담당 기장 세무사가 모든 정리를 잘 하고 있는 데도 불구하고, 우리 대표님들은 왜 신경을 써야 할까? 그 이유는 다음과 같다.

1. 3월에 신고하여 납부하는 법인세, 언제부터 점검해야 할까?

직전년도 1월~12월까지의 매출/비용을 기준으로 하기에, 3개월 전부터 미리 준비를 하는 것이 좋다. 더구나 나의 절세를 위한 준비라면 대표님들도 당연히 확인하고 또 확인할 필요가 있다는 것을 재삼 강조한다.

2. 기장 세무사에게 세무를 맡겼다 하더라도 우리 법인에서 발생된 세무자료 등은 꼼꼼히 확인하여 누락되는 것이 없는지 확인하는 것이 반드시 필요하다.

그리하여 최종적인 회사의 재무제표상에서 좌변(자산)과 우변(부채/자본)이 정확하게 일치하는지 여부 등을 다시 한 번 점검해야 하는 것이다.

재무제표 개념도	
자 산	부 채
	자 본
자산의 합계 = 부채+자본의 합계	
※ 불일치 시 가지급금 또는 가수금 발생 가능성	

만약 이때 맞지 않는 경우가 발생하게 된다면? 대표님이 사용하지도 않은 '가지급금' 또는 '가수금'이라는 가장 좋지 않은 형태의 계정이 생기게 된다.

두 경우 모두 좋지 않은 상황이다. '가지급금'은 매년 이자가 발생되고, '가수금'은 법인의 입장에서 누군가에게 대출을 받은 것으로 인정이 되면, 최악의 경우 매출누락을 목적으로 했다고 보여질 수 있어 세무조사의 위험까지도 존재하기 때문이다.

용어정리

가지급금 : 법인에서 대표님이 임시적으로 빌려간 형태의 금액

가수금 : 대표님이 법인에 빌려준 형태의 금액. 이때 법인은 채무가 늘어나게 됨.

3. 법인의 신용등급을 확인하는 것도 매우 중요하다.

법인사업을 하면서 놓칠 수 있는 또 한 가지이다.

사업운영상 대출자금이나 지원금 등이 필요한 경우가 생기게 되는데, 이때 법인사업자는 대표님 개인의 신용도 진단하지만, 법인의 신용등급도 반드시 확인하게 된다.

그렇기에 1년간의 재무제표상에서 신용에 도움이 될 수 있는 항목을 놓치지는 않았는지 확인을 해야 하는 것이다.

4. 세액공제 대상 체크를 해야 한다.

법인의 경우는 세액공제 및 감면 규정 등이 많다. '고용증대세액공제/사회보험료 세액공제/중소기업특별세액감면' 등 세금을 절세할 수 있는 것들이 의외로 많다는 것을 항상 유념해야 한다.

만약, 세무사를 통해 미리 점검을 받지 못했다면, 해당되는 항목들이 있는지 반드시 확인해 보고 정확한 신고를 통해 받을 수 있는 혜택은 반드시 받을 수 있도록 꼭 챙겨야 한다.

5. 법인세 감면은 없는지…?

회사 내에 '기업부설연구소'가 있는 경우에는 인건비의 공제항목이 있다. '벤처기업인증'이 있다면 향후 5년간 법인세의 50%를 감면받는다. 이외에도 '투자금, 연구소용 부동산 지방세, 연구개발대상 수입물품' 등의 관세도 감면 받을 수 있다.

지금 설명하고 있는 항목들에 대해서는 다행히 대표님들이 많은 관심을 가지고 있는 항목들이기에 누락될 확률이 그만큼 적을 수 있겠지만 그래도 확인은 꼭 필요하다는 것을 다시 한 번 강조한다.

핵심정리

법인세 신고

대부분의 법인들은(회계결산일 12월 31일 기준) 1년간(직전연도) 사업의 모든 거래내역과 매출/비용지급, 이익금 등에 대한 것을 이듬해 3월에 신고를 하게 된다

위에서 설명했던 다섯 가지의 항목만을 생각해 본다고 하여도, 3월 신고 전 반드시 '점검 또 점검'이 필요한 이유이다.

※ 매년 12월이 되기 전, 사전 확인 등도 매우 중요하다.

PART 2
4월~6월

봄의 경영

꼼꼼함이 최고의 무기이다

연간 세무 일정

　우리나라 세무일정은 크게 매월, 반기별, 분기별, 연간으로 구분해서 살펴 볼 수 있다.

　먼저 월별로 살펴보게 되면, 매달 10일은 원천징수세액 신고납부기한이며, 일용근로자의 매월 지급분에 대한 지급명세서에 대해서는 다음 달 말일까지 제출해야 한다. 또한 프리랜서의 사업소득에 대한 간이지급명세서는 매월 지급분에 대하여 그 다음 달 말일까지 제출하게 되어 있다.

　다음으로 반기별로 살펴보게 되면, 근로소득 상반기 지급분을 합친 간이지급명세서는 7월 말일까지, 하반기 지급분을 합친 간이지급명세서는 이듬 해 1월 말일까지 제출해야 한다. 그리고 이와 별도로 1년분(1.1~12.31) 근로소득에 대한 연말정산 지급분에 대해서는 3월 10일까지 지급명세서를 제출해야 한다.

　개인(일반과세자)사업자의 경우 1기(1.1~6.30)에 대한 확정신고는 7월 25일까지, 2기(7.1~12.31)에 대한 확정신고는 이듬해 1월 25일까지 신고하도록 하고 있다.

　연간 세무일정을 살펴보면, 앞에서 언급한 개인(간이과세자)사업자의 부가가치세 신고납부는 1월 25일에 한 번 있다. 그리고 면세 개인사업자는 2월 10일에 사업장 현황 신고가 있다.

　법인사업자의 경우에는 임의로 회계연도를 정할 수 있다. 사업연도 종료일로부터 3개월 이내에 신고납부기한을 규정하고 있어서 우리나라 대다수의 법인은 12월 말을 사업연도 종료일로 하는 경우가 많아 대부분의 법인이 3월 말이 법인세 신고납부기한이다.

　개인사업자의 경우에는 5월 말이 확정신고 납부기한인데, 성실신고 대상자는 6월 말까지 신고납부하면 된다.

　위에서 정해진 날이 공휴일이나 휴일로 지정이 되는 경우에는 다음과 같은 규정이 적용된다. 즉 「국세기본법」 제5조(기한의특례) 규정에 따라 신고·납부 기한일이 공휴일·토요일 또는 근로자의 날에 해당하는 때에는 공휴일·토요일 또는 근로자의 날의 다음 날이 기한일이 된다.

연간 세무 일정표

월	업무	월	업무
1월	- 부가세 확정신고 1/25 - 하반기 근로간이지급명세서 제출 1/25	7월	- 부가세 확정신고 7/25 - 상반기 근로간이지급명세서 제출 7/25 - 국민연금 변경
2월	- 연말정산, 사업장현황 신고 (면세) 2/10	8월	- 법인세 중간예납
3월	- 건강보험 보수총액신고 3/10 - 고용산재 보수총액신고 3/15 - 법인세 신고 3/31	9월	
4월	- 부가세 예정신고 4/25 - 근로자 건강보험료 연말정산 적용	10월	- 부가세 예정신고
5월	- 종합소득세 신고 5/31 - (개인사업자)국민연금, 건강보험 보수 총액신고 5/31	11월	- 종합소득세 중간예납
6월	- 종합소득세(성실) 신고 6/30 - (성실)국민연금, 건강보험 보수 총액 신고 6/30 - (개인사업자)건강보험료 연말정산 적용	12월	- 종합부동산세 납부신고 12/15

봄(4월~6월)의 주요 세무일정

- 4월 25일은 부가가치세 예정신고 납부기한이다. 또한 성실신고 확인대상 법인은 말일까지 법인세 신고납부의 일정이 정해져 있다.
- 5월 말일은 종합소득세 확정신고 납부기한이다. 이때 개인의 전년도 소득이 2개 이상인 경우 대부분 해당이 되니 잘 체크하여 신고를 해야 한다.
- 6월 말일은 3월말 결산법인의 법인세 신고납부기한과 개인사업자 중 성실신고 확인대상자의 종합소득세 확정신고 납부기한으로 정해져 있다.

Chapter 06 당연한 부가세! 낼 때마다 벌금 내는 느낌이 들어요

체크 포인트

포인트 1 부가세는 벌금의 성격을 가지고 있을까?
포인트 2 부가세 납부를 할 때 부담을 줄이려면?

 최근 자문을 맡게 된 업체 중 식당을 운영하는 한 업체의 대표님이 부가세 신고를 하고 납부할 때마다 돈 빌리러 다니기 힘들다고 하면서 마치 벌금 내는 느낌이라고 말하는 것을 본적이 있었다.

 그리고 화성에서는 2년 전에 도·소매 관련 개인사업을 시작하였는데 매출이 첫해부터 높게 나와서 성실신고대상자가 되어 세금 때문에 고민이라는 대표님에게도 법인설립을 자문하면서 부가가치세에 대한 고민을 듣게 되었다.

 이때 두 대표님에게 부가가치세는 대표님들의 매출이 아니라 대신 납부해 달라고 맡긴 세금이기 때문에 다른 주머니에 별도로 보관하셨다가 납부하게 되면 벌금 내는 것과 같은 억울한 마음이 생기지 않을 것이라며 아래와 같이 상세히 안내해준 사례가 있다.

부가가치세는 생산 및 유통과정의 각 단계에서 창출되는 부가가치에 대해 부과되는 간접세이다.

즉, 부가가치세(부가세: VAT ; Value Added Tax)는 우리 회사의 매출이익이 아닌 단지 최종 소비자가 국가에 납부해야 하는 세금을 판매하는 사업자가 미리 받아두었다가 대신 납부하게 되는 세금이기 때문에 따로 보관하는 습관을 가져야 한다.

우리나라의 부가가치세율은 10%이기 때문에 항상 매출액의 10%는 별도의 포켓에 담아두는 걸 당연시해야 하는 것이다.

현장에서 자문 업무를 진행하다보면 적지 않은 개인사업자 사장님이나 법인 초기의 대표님들이 이를 간과하고 있다가 부가세 납부 때만 되면 돈이 없어 힘들어 하는 모습도 많이 보고, 심한 경우 부가세 연체로 낭패를 당하는 경우까지도 여러 번 봐 왔다.

우리말에 "첫 단추를 잘 끼워야 한다"는 말이 있다. 그것은 아마 그래야 바로 잡기가 편하기 때문에 나온 말일 것이다. 즉 부가가치세의 첫 단추는 우리 회사의 이익, 우리 사업장의 매출이 아니라 임시로 맡아둔 세금이기 때문에 따로 잘 담아두었다가 납부를 해야 한다.

그랬을 때 억울하게 벌금 내는 기분이 아니라 오히려 정당하게 세금을 납부한다는 자부심이 생기게 되지 않을까.

사실 모든 업종이 부가가치세를 부담하는 것은 아니다.

부가가치세법상 사업자는 부가가치세 납무 의무가 있는 과세사업자(개인사업자는 매출액 4,800만원 기준으로 일반과세와 간이과세로 분류됨)와 부가가치세를 면제받는 면세사업자로 구분된다.

- 부가가치세는 1년에 1기(1월~6월), 2기(7월~12월)로 해서 두 번의 과세기간이 있다.

그리고 분기별로 해서 예정신고 및 납부기한이 정해져 있는 것은 대부분 알고 있는 사실이다.

개인사업자는 부가가치세 확정신고, 납부를 1기는 7월 25일, 2기는 1월 25일에 하게 된다.

이와 달리 법인사업자는 예정신고를 포함해서 4번의 신고 납부를 하는 것으로 되어 있다.

사업자별 부가가치세 신고 구분

구분	1 기		2 기	
	예 정 (01.01~03.31)	확 정 (01.01~06.30)	예 정 (07.01~09.30)	확 정 (07.01~12.31)
개 인	고지	신고	고지	신고
법 인	신고	신고	신고	신고

부가가치세는 매우 중요하지만 절세할 수 있는 방법이 따로 있을 수 없다.

앞서 말했듯이 소비자는 물건이나 제품을 구입하면서 부가세를 미리 내게 된다. 사업자 또한 원자재나 인력 구입, 비품이나 필요한 장비를 구입하면서 부가세를 미리 내는 것은 마찬가지이다. 부가가치세는 바로 내가 미리 받은 매출세액에서 미리 지불한 매입세액을 차감하여 계산된다.

즉 매출세액 − 매입세액 = 부가가치세가 되는 것이다.

매입한 내역이 많거나 매입세액에 포함되는 부분이 커지면 부가가치세는 그만큼 적게 낸다.

다시 말해 부가가치세를 절세하기 위해서는 매입세액으로 공제받을 수 있는 지출증빙, 즉 적격증빙자료인 세금계산서, 현금영수증, 신용카드를 잘 챙겨야 한다. 이는 우리 회사에서 비용 처리할 수 있는 것과 직결되어 있기때문에 누락이 된다면 이중으로 세금을 내는 것과 같은 충격을 받게 될 수밖에 없다.

그리고 의제매입세액공제 신고서를 반드시 제출해야 한다. 이는 원칙적으로는 면세되는 재화에 대해서 매입세액공제를 받을 수 없지만 예외적으로 부가가치세법상 과세사업자이면서 면세 농산물을 원재료로 하여 과세되는 재화나 용역을 제공하고 의제매입세액공제 신고서를 제출하면 공제율은 조금 낮지만 매입세액공제로 간주해 준다는 제도이다.

소수에게 해당될 수 있지만 소비자를 주로 상대하는 소매업, 숙박업, 음식점업, 여객운송업 등을 하는 사업자의 경우 직전 연도 매출액이 사업장을 기준으로 10억 원까지는 공제한도 연간 1천만 원 한도 내에서 신용카드 매출전표 등 발급한 것에 대해 공제를 받을 수 있다.

마지막으로 중요한 것은 신고는 무조건 해야 한다는 것이다.

대부분의 세금은 무신고 미납 시에는 무신고 가산세가 최소 20%는 부과 된다. 세금을 낼 돈이 있고 없고, 지금 내고 나중에 내고를 떠나서 신고를 하면 최소 20%는 아끼는 것이니 신고는 무조건 하는 습관을 들이라고 조언하는 것도 우리가 줄 수 있는 팁이라면 팁이다.

> 예를 들면 부가세 1,000만원을 100일 후 신고 납부한다면
>
> 무신고가산세 : 1,000만원*20% = 200만원
>
> 납부불성실가산세 : 1000만원*25/10,000*100일 =25만원

보는 바와 같이 신고를 하고 100일 후에 납부하는 것과 신고 안하고 100일 후에 납부하는 것은 200만원이나 차이가 나게 된다.

핵심정리

사업을 하면서 발생하는 부가가치세는 내 사업소득이 아니고 국가에 납부해야 하는 세금이다.

매출 발생 시에 미리 받아놓고 사업에 필요한 매입 부분이 있다면 그때 매입비용에 포함해서 지급한 부가가치세를 빼고 납부하라는 과세사업자에게 정해 놓은 제도인 것이다.

따라서 업종에 따라 다르지만 일반적으로 매출액의 10%는 '부가가치세를 위한 통장'이라고 정해서 별도로 저축해 놓으면 부가가치세 납부 시마다 매번 힘이 드는 어려움이 적어질 거라고 생각한다.

Chapter 07 우리 회사의 주식이 이렇게 비싸다고! 좋은 건가 나쁜 건가?

체크 포인트

포인트 1 비상장주식 가격은 어떻게 책정이 될까?
포인트 2 주식가격이 떨어졌다면 어떻게 해야 할까?

매년 4월경에는 관리에 도움을 주고 있는 회사의 세무조정계산서에 대한 설명과 주식가치를 평가하면서 대표님과 이야기를 나눌 기회가 있었다. "대표님 우리 회사의 주식을 약식으로 평가해봤더니 한 주당 가격이 대략 20만 원 정도 나옵니다"라고 보고했더니, 깜짝 놀라면서 "저희는 액면가 5천 원인 회사인데 주가가 20만 원이라니 말도 안 돼요"라는 반응을 보이는 것이었다.

지금 이 책을 보고 있을 여러 대표님들의 자기 회사 주가가 어떻게 되는지 알고 있는지 궁금하다. 우리 회사 주가가 높은 게 좋다고 생각하는지? 아니면 낮은 게 좋다고 생각하는지?

우리나라 세법에서는 자금이 이동할 때에는 통행세(상증세, 양도세, 소득세 등)를 내게끔 규정이 되어 있다.

　부부 간에 또는 부모 자식 간에도, 타인 간에 이동이 이루어질 때는 세금의 문제가 항상 발생하게 되어 있다. 이런 이동이 가까운 시간 안에 발생될 수도 아닐 수도 있겠지만 언젠가는 필연적으로 이동이나 변동이 발생되게 된다.
　이때 통행세를 얼마 낼지 미리 예측해보거나 조정이 가능할지 여부를 미리 고려해 본다면 나중에 큰 도움이 될 수 있다.

주식 가치 파악은 필수적이다

　즉, 지금 가격을 알아야 세금이 얼마가 나올지 알 수 있기 때문에 지금 가격을 아는 것이 매우 중요하고 따라서 3월 결산확정이 마무리되고 세무조정계산서가 나오면 주식가치를 평가해보고 이 가치를 상속이나 증여할 때, 또는 양도할 때나 사업을 정리할 때 얼마의 세금이 나올지 체크를 해 보는 것이 매우 중요하다는 것이다.

"현재 우리 회사의 주식가치가 높은 게 좋을까요?"라고 묻는다면, 물론 누군가에게 지금 내 회사를 팔려고 한다면 높은 가격으로 파는 게 좋으니 당연히 "예"라고 대답하게 될 것이다.

그러나 실상은 현재의 상황에 따라서 "예", "아니오"가 어느 정도는 다를 수 있겠지만 대부분 현실에서는 "아니오"인 경우가 많다.

과거보다는 많이 달라졌지만 아직도 많은 대표님들이 법인설립을 할 때 전문가의 도움이 중요한지 잘 모르고 주주의 구성이나 지분비율, 임원의 구성 등에 별반 신경 쓰지 않고 시작하는 경우가 많다. 그리고 사업초기에는 열심히 매출증대에만 신경을 쓰고 달려가게 된다. 이익이 나도 배당도 안 하고 계속 법인에 쌓아두는 경우가 대부분이다.

그렇게 시간이 흘러서 어느 정도 됐다 하고 돌아보는 순간 이런저런 곳에서 여러 문제가 발생되었다는 것을 알게 된다.

자녀나 가족에게 지분을 이동하려고 하는데 너무 주식가치가 높아져 있는 경우, 법인설립을 할 때 다른 임원이나 직원에게 명의만 빌려서 했는데 주식가치가 너무 높아져서 이러지도 저러지도 못하는 경우, 누군가 옆에서 과점주주는 위험하다고 해서 친구에게 이름만 빌려 주식을 주었다가 가져오려고 하는데 주가도 높지만 가져왔을 때 본인 지분비율이 커져 간주취득세 문제 때문에 고민하는 경우, 실제로 이익은 없었지만 대출이나 자금조달 때문에 순이익이 난 것으로 재무제표를 조정하여 오히려 미처분 이익잉여금으로 잔뜩 쌓여 주가만 올리고 있는 경우 등이다.

주식의 가격은 시가를 원칙으로 하고 있다.

그래서 상장회사의 주가는 증권거래소에서 사고파는 사람들의 거래에 의해 자연스럽게 주식의 시장가격이 정해진다. 그러나 대부분의 중소기업은 사고파는 시장도 활성화 되어 있지 못하고, 매매도 거의 이루어지지 못하고 있는 것이 현실이다. 그렇기 때문에 대부분의 중소기업은 상속증여세법상 규정에 따라 사용하게 되는 보충적 평가를 통해서 나온 값을 우리 회사 비상장주식의 가격으로 사용하게 된다.

보충적 평가방법은 크게 순자산가치와 순손익가치로 구분해서 나온 값들로 계산을 하게 되는데, 식으로 나열하면 아래와 같다.

> ■ 1주당 평가액<상증세법 시행령 제54조 1항>
> = (1주당 순손익가치＊3)+(1주당 순자산가치＊2)/5
>
> ① 1주당 순손익가치<상증세법시행령 54조 1항>
> = 1주당 최근 3년간 순손익액 가중평균액/10%
> ② 1주당 순자산가치<상증세법시행령 54조 2항>
> = 평가기준일 현재 당해 법인 순자산가액(자산-부채+영업권/평가기준일 현재 발행주식 총수

> ■ 1주당 최근 3년간 순손익액 가중평균액<상증세법 시행령 제56조 1항>
>
> (평가기준일 이전 1년이 되는 사업년도의 1주당 순손익액＊3)
> +(평가기준일 이전 2년이 되는 사업년도의 1주당 순손익액＊2)
> +(평가기준일 이전 3년이 되는 사업년도의 1주당 순손익액＊1) / 6

위의 식은 일반법인의 계산방식이다. 총자산가액 중 부동산 비율이 50% 이상일 때는 부동산 과다보유법인이라고 하는데 이때는 순손익가치 : 2 순자산가치 : 3으로 계산식의 비율이 달라질 수 있다. 그리고 3년 미만의 법인 또는 휴업·폐업중인 법인이나 부동산이 80% 이상인 법인은 순자산가치로만 평가해야 하는 기준이 있으니 주의해야 한다.

위의 식을 보면 사실 어렵고 복잡하다고 생각할 수 있다. 실제로 특수관계인에게 상속이나 증여를 해야 하는 경우에는 비용이 들더라도 꼭 세무사나 회계사를 통해서 정확히 평가받아야 한다. 다만 사전적으로 우선 확인해보고 싶거나 전혀 이해관계가 없는 타인에게 소액의 양도 등을 할 때는 경영컨설턴트나 자문 업무를 하는 등의 전문가들이 사용하는 약식평가로 하는 간단한 방법도 있으니 주변에 도움을 받을 수 있는 전문가가 있다면 매년 회사의 주가를 확인하여 현재 우리 회사의 가치를 제대로 알고 있는 것이 큰 도움이 된다.

> **핵심정리**

　중소기업은 시가가 없는 경우가 대부분이기 때문에 상증법상 보충적 평가방법에 의해서 주식가격이 결정되는 경우가 많다.

　법인의 최종 도착지는 크게 양도, 승계, 폐업으로 정해지는 경우가 대부분이며, 이 세 가지 중 양도를 하는 경우라면 우리 회사의 주식가치가 비싼 것이 당연히 좋을 것이다. 그러나 이런 경우는 중소기업에서는 흔치 않은 일이기 때문에 주식가치가 낮은 게 유리한 경우가 훨씬 많다. 증여를 하거나 승계를 하거나 청산을 할 때 주식가치가 낮게 평가 되어야 세금을 적게 낼 수 있기 때문이다.

　보충적 평가 방법의 계산식대로라면 이익이 줄거나 순자산가액이 줄면 주식가치는 낮아지고 반대의 경우 주식가치는 높아진다.

　퇴직자가 발생하거나 경기가 어려워 당기순이익이 줄어들게 되면 주가는 떨어지는데 이때가 힘든 시기일수도 있지만 증여의 기회일수도 있다는 생각을 염두에 두는 것도 좋은 방법이 될 것이다.

Chapter 08 우리 회사의 신용등급, 어떻게 올리지?

> **체크 포인트**
>
> **포인트 1** 법인의 신용이 왜 중요할까?
> **포인트 2** 신용등급의 여러 지표에서 어떤 것을 위주로 보면 좋을까?

사업을 하는 사장님이나 대표님들이 정부나 금융기관의 자금지원을 받고자 하거나 국가에서 진행하는 조달에 관한 업무를 진행하고자 하는 경우에는 신용등급이 필수적이다.

회사에 대한 신용등급에 대한 평가는 회사의 재무상태나 경영자의 경영능력, 각종 자료를 토대로 한 회사의 환경 등 신용에 미치는 재무, 비재무적 요소를 각종 요소에 가중치를 달리하여 종합적으로 분석한 지표라고 할 수 있다.

이렇게 정해진 신용등급은 개인의 경우에도 은행에서 자금을 쉽고 싸게 빌릴 수 있는 것처럼 보통의 주식회사들은 국가의 지원이나 기업 간 거래 시에도 중요한 지표가 된다.

예를 들면 공공기관의 입찰이나 조달업무 시에도 매우 중요한 지표이고, 정책자금을 활용하고자 할 때에도 조달자금의 크기나 금리에도 중요하게 영향을 미친다. 따라서 신용등급의 관리야말로 매우 중요하고 필수적이라 할 수 있다.

"우리 회사의 신용등급을 올리고 싶은데, 어떻게 올리죠?"라는 문의를 가끔 받는다. 이럴 때면 필자는 의례적으로 다시 반문해 본다.

"대표님 회사의 신용등급이 어떻게 되죠?"라고 물어보면 'B', 'BB', 'C' 등으로 대답한다. 현재 회사의 신용등급은 잘 알고 있다. 즉, 전체의 평균은 잘 알고 있는 것이다. 그러나 이러한 평균이 어떻게 해서 나왔는지는 잘 모르고 있는 경우가 대다수이다.

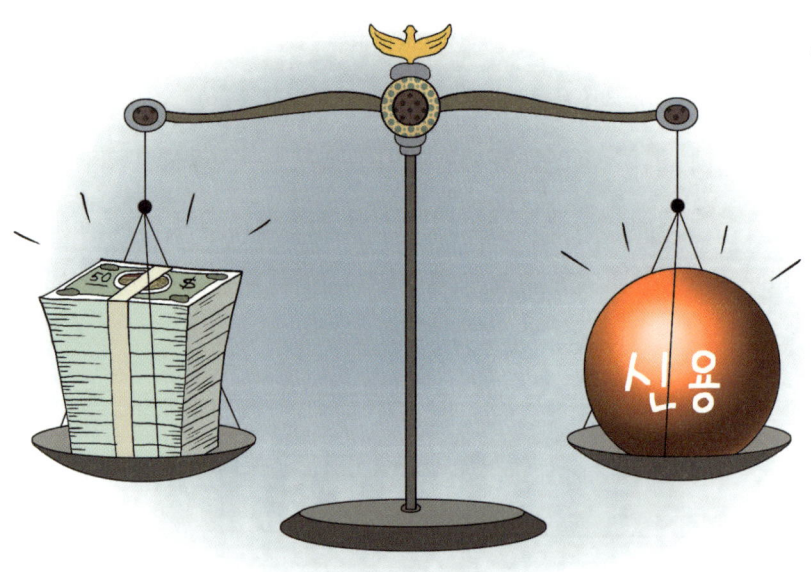

간단한 예를 들어보기로 하자

자녀가 학교에서 성적표를 받아왔다. 내용을 살펴보니 평균은 85점으로 반에서 10등으로 표시되어 있다. 이때 자녀가 성적을 올려서 3등 안에 들어가고 싶다면 어떻게 해야 할까?

대부분의 부모님들은 평균점수에 영향을 준 개별 과목들을 살펴보게 된다. 국어 95점, 수학 70점, 과학 75점, 영어 100점을 받았다. 이때 점수를 올리려면 수학과 과학을 집중해서 공부하거나 수학과 과학 학원 선생님을 붙여서 공부하게 하면 평균점수를 올리게 될 것이다.

법인의 신용등급도 같은 원리로 접근해 볼 수 있다. 신용등급이라는 평균점수에 어떠한 개별과목들이 영향을 주고 있는지를 살펴보고 취약한 부분들을 보완하거나 향상시키는 것이다. 신용등급에 영향을 주는 개별과목들은 과연 어떤 것이 있을까? 그럼 이것들을 찾아서 올리면 당연히 전체 신용등급 또한 올라가게 될 것이다.

법인은 법인격체를 부여받은 사람과 같다.

이렇게 생각하면 좀 더 회사를 이해하는 데 도움이 될 것이다. 법인도 사람처럼 건강하면 스스로도 좋고, 주변에서 필요로 하는 기관들도 좋아한다. 건강한 회사의 기준이 여러 가지가 있겠지만 좋은 신용등급은 건강함의 가장 대표적인 부분이라 할 수 있다. 이러한 신용등급의 핵심은 바로 재무제표이다.

재무제표는 재무상태표, 손익계산서, 현금흐름표, 이익잉여금처분계산서 등으로 구성되어 있다. 이러한 재무제표에는 아주 다양하고도 많은 기업정보가 표시되어 있는데 이러한 정보들은 신용평가나 신용등급을 산정할 때, 투자의사 결정을 할 때, 여신거래 한도나 금리를 반영할 때, 입찰적격업체를 선정할 때, 정부정책에 연계된 각종 사업참여 반영 등에 영향을 주게 된다.

건강한 회사는 기본적으로는 재무제표가 좋고, 신용도 좋다

좋은 재무제표는 안정된 현금흐름을 가지고 있어서 재무구조가 개선되게끔 하고 이를 통해 신용등급이 높아져서 주변 회사와 비교했을 때 경쟁력이 우위에 있게끔 해준다.

위에서 언급했듯이 재무제표는 기업의 경영활동 전반에 관한 다양한 정보가 들어가 있다. 다시 말하면 재무제표는 재무적인 경영활동과 비재무적인 경영활동이 모두 포함되어 있다.

즉, 재무적 경영활동+비재무적 경영활동=재무제표라고 할 수 있는 것이다.

재무제표를 통해 재무적 경영활동을 개선해 보고자 할 때 크게 안정성, 수익성, 활동성, 성장성의 지표를 보고서로 만들어서 등급을 매겨보고 체크해 본다면 신용등급 개선에 많은 도움이 된다.

안정성

안정성은 기업의 지급능력과 부채상환능력을 통해 재무건전성을 파악해 볼 있는 지표이다. 안정성이 높을수록 재무건전성이 높고 자금조달이 원활할 것으로 판단할 수 있다. 안정성을 파악하기 위한 대표적인 지표로는 유동비율, 당좌비율, 차입금 의존도, 부채비율, 비유동장기적합률 등이 있다.

㉠ 유동비율=유동자산/유동부채

㉡ 당좌비율=당좌자산/유동부채

㉢ 차입금의존도=장단기차입금+회사채/총자본

㉣ 부채비율=부채총계/자기자본

㉤ 비유동장기적합률=비유동자산/자기자본+비유동부채

수익성

수익성은 기업이 얼마나 이익을 창출하는지 파악할 수 있는 지표가 된다. 수익성이 높을수록 이익창출능력과 경영성과가 우수하다고 볼 수 있는 것이다. 수익성을 파악하기 위한 대표적인 지표로는 매출액영업이익률, 매출액순이익률, 이자보상배율, 총자산세전이익율, 자기자본순이익율 등이 있다.

㉠ 매출액영업이익률=영업이익/매출액

㉡ 매출액순이익률=당기순이익/매출액

ⓒ 이자보상배율=영업이익/이자비용(지급이자)
ⓔ 총자산세전이익율=세전이익(법인세,소득세)/총자산
ⓜ 자기자본순이익률=당기순이익/자기자본

활동성

활동성은 기업의 자산이 수익창출에 얼마만큼 잘 활용하고 있는지를 알 수 있는 지표이다. 활동성이 높을수록 기업이 효율적으로 수익을 높이고 있다고 볼 수 있다. 대표적인 지표로는 총자산회전율, 자기자본회전율, 매입채무회전율, 매출채권회전율, 재고자산회전율 등이 있다.

ⓐ 총자산회전율=매출액/총자산
ⓑ 자기자본회전율=매출액/자기자본
ⓒ 매입채무회전율=매출액/매입채무
ⓓ 매출채권회전율=매출액/매출채권
ⓔ 재고자산회전율=매출원가/재고자산

성장성

성장성은 기업의 규모나 경영성과의 성장추세를 파악할 수 있는 지표이다. 성장성이 높을수록 향후 기대되는 수익성창출능력과 경쟁력이 높다고 판단할 수 있다. 대표적인 지표로는 매출액증가율, 유형자산증가율, 유동자산증가율, 자기자본증가율, 총자산증가율 등이 있다.

㉠ 매출액증가율=당기매출액/전기매출액

㉡ 유형자산증가율=당기말 유형자산/전기말 유형자산

㉢ 유동자산증가율=당기말 유동자산/전기말 유동자산

㉣ 자기자본증가율=당기말 자기자본/전기말 자기자본

㉤ 총자산증가율=당기총자산/전기총자산

신용점수제

등급	NICE (마이크레딧)	KCB (올크레딧)
1등급	942~1000점	942~1000점
2등급	891~941점	891~941점
3등급	832~890점	832~890점
4등급	768~831점	768~831점
5등급	698~767점	698~767점
6등급	630~697점	630~697점
7등급	530~629점	530~629점
8등급	454~529점	454~529점
9등급	335~453점	335~453점
10등급	0~334점	0~334점

※ 새로 도입된 신용점수제는 1~1000점으로 세분화 해 보다 정확하고 합리적인 신용평가가 가능해졌다.

핵심정리

　많은 지표들 중 특히 매출채권회전율(매입채무회전율과 비교), 이자보상배수, 재고자산회전율은 특히 관심 있게 봐야 한다.
　사업은 잘 되는데, 매출은 많은데 힘들어 하시는 대표님들이 많다. 장사는 잘 되는데 돈이 없다고 하는 사장님들이 종종 있다. 물건을 팔았지만 돈이 일정기간 전에는 안 들어오거나, 물건을 구입할 때 줄 돈은 한 달 안에 주고 물건을 팔고 받을 돈은 두 달 뒤에 받는다면 아무리 사업이 잘 되도 힘들어지는 것은 어쩌면 당연하다. 심한 경우 사업이 잘 될수록 돈이 마르고 흑자부도의 위기까지도 초래할 수도 있는 것이다.
　사람도 혈액순환이 잘 되어야 건강하듯 기업도 회전율이 좋아져야 건강해지는 것은 마찬가지다. 혹시 잘 되는데 힘이 든다고 생각된다면 위의 지표를 잘 체크해서 개선하도록 노력하면 많은 도움이 되리라 생각된다.

Chapter 09

연구소를 설립하는 게 중요한가? 사후관리가 중요한가?

> **체크 포인트**
>
> **포인트 1** 연구소를 만들면 어떤 혜택이 있을까?
> **포인트 2** 아무나 연구소를 만들면 다 혜택이 있을까?

관리하는 기업 중에 당기순이익이 2억 정도인 A테크 주식회사라는 곳이 있다. 그러나 이 업체는 세금을 내지 않고 있다. 일반적인 기업이라면 2천만 원 정도의 법인세를 납부해야 하지만 A테크 주식회사는 세금을 납부하지 않아도 되는 혜택을 받고 있기 때문이다.

어떻게 했기에 납부해야 할 세금을 감면 받은 것일까? 결론적으로 A테크 주식회사는 기업부설연구소(연구전담부서)를 운영하고 있기 때문이다. 정부에서는 일정한 요건이나 자격을 갖추는 중소기업에게 여러 가지 지원 혜택을 주고 있는데 그중 가장 많은 세제혜택을 주는 것이 바로 기업부설연구소(연구전담부서)이다. 연구 및 인력개발 설비투자의 세액공제, 연구 및 인력개발비 공제율이 발생액의 25% 세액

감면, 기업부설연구소용 부동산 지방세 감면 등 다양한 절세 혜택이 제공되고 있다.

또한 정부과제를 수행하거나 정책자금 또는 은행대출 심사 등에 있어서도 많은 도움이 되고 있다. 참고로 개인사업자도 기업부설연구소(연구전담부서) 운영이 가능한 것은 물론이다.

위에 사례로 든 A테크 주식회사의 경우 연구원이 4명이었고 연구인력개발비로 지급한 총 급여가 1억1천만 원이다. 즉, 1억1천만 원의 25%에 해당하는 2억7천5백만 원의 세액공제혜택으로 납부해야 할 법인세 2천만 원보다 더 커서 전혀 법인세를 납부하지 않을 수 있었던 것이다.

기업부설연구소(연구전담부서)는 먼저 설립하고 난 후에 신고를 하는 체계로 되어 있어서 신고하고자 하는 기업은 인정요건을 갖추고 필요한 구비서류를 작성하여 (사)한국산업기술진흥협회(KOITA : 이후 코이타로 함)로 신고를 해야 한다.

기업부설연구소 설립인정요건에는 일정한 물적 요건과 인적 요건 두 가지로 나뉘어져 있다.

첫째, 물적 요건은 연구개발활동을 수행하는 데 있어서 필요한 기자재 및 시설 등을 갖춘 독립된 연구공간을 보유해야 한다.

독립된 연구공간이란 사방이 다른 부서와 구분될 수 있게 고정된 벽체로 구분하고 별도 출입문을 갖추어야 함을 말한다. 단, 면적이 50㎡ 이하일 때는 분리구역으로 신고 가능한데 별도의 출입문이나 벽이 없더라도 칸막이 등으로 구분하여 운영할 수 있다. 독립된 공간을 연구공간으로 확보하지 못한 경우 소규모 연구공간(전용면적 30㎡ 이하)을 다른 부서와 칸막이 등으로 구분하여 운영할 수 있는데 이때도 반드시 연구소 현판은 부착하여야 한다.

둘째, 인적 요건은 유형에 따라 적정한 연구전담요원이 필요하다.

연구전담부서의 경우에는 1명만 있어도 가능하고 벤처기업의 경우 2명 이상, 소기업 3명 이상(단, 창업 3년까지는 2명 이상), 중기업은 5명 이상, 중견기업 7명 이상, 대기업 부설연구소는 10명 이상의 전담요원이 필요하다. 기업부설연구소는 과학기술분야와 서비스분야로 나뉘는데 연구전담요원은 학력이나 국가기술자격증을 갖춘 사람을 말한다.

과학기술분야의 연구전담요원 요건은 자연계 학사, 자연계 전문학사+2년의 연구경력, 마이스터고나 특성화고를 졸업한 자+4년의 연구경력일 경우 가능하다. 국가기술자격증으로는 국가기술자격법에 따른 기사, 산업기사+2년 연구경력, 기능사+4년의 연구경력 이상이면 가능하다.

서비스분야의 연구전담요원은 자연계가 아니더라도 학사, 전문학사 이상의 학력 또는 국가 2급 이상 서비스자격증이 있다면 전담요원 요건이 가능하다.

> ### 설립조건표
>
> - 자연계, 이공계(자연과학, 공학, 의학계열) 4년제 대학 졸업자로서, 연구개발 분야 전공자 또는 해당 연구개발 경력 1년 이상 보유자
> - 연구개발활동과 관련된 국가기술자격법에 의한 기술·기능 분야 기사 이상인 자
> - 연구개발 활동과 관련된 자연계 2년제 전문대 졸업자로서, 해당 연구 분야 2년 이상 경력자
> - 연구개발 활동과 관련된 국가기술자격법에 의한 기술·기능분야 산업기사로 해당 분야 2년 이상 경력자
> - 마이스터고등학교 또는 특성화 고등학교 졸업자로 해당 연구 분야 4년 이상 경력자

이렇게 인적 요건과 물적 요건을 잘 갖추어 선(先)설립하고 후(後)신고과정을 잘 준비하게 되면 승인이 나게 되고 앞서 언급한 각종 지원제도나 소득세 또는 법인세 세액공제 등의 세제혜택을 받게 되어 사업에 많은 도움을 받을 수 있게 된다.

그리고 이와 관련해 벤처인증을 신청하는 것도 가능하다. 최근에 벤처인증은 벤처투자, 연구개발, 혁신성장, 예비벤처 유형으로 나뉘어 있고 이중 연구개발유형은 기업부설연구소(연구개발전담부서)를 보유하고 벤처확인요청일이 속하는 분기의 직전 4분기의 기업 연간 연구개발비와 연간 총매출액 대비 연구개발비 합계가 일정비율 이상이 되어야 신청이 가능해져서 벤처인증의 필수 조건이기도 하다.

기업부설연구소(연구전담부서)의 혜택을 정리해보면 크게 두 가지로 나누어 볼 수 있다.

첫째는 대외적 평가 시 가점과 같은 혜택을 받을 수 있다.

R&D와 같은 국가연구개발 사업의 참여를 지원하고, 기술보증기금 특례자금 등과 같은 정부정책자금을 지원 받을 때 가점, 벤처인증 시 특별한 요건 등의 혜택이 있다.

둘째는 조세지원이나 세제 혜택이다.

연구 및 인력개발비에 대한 25% 세액공제, 기업부설연구소 용도의 토지나 건물 구입 시 취득세 일정비율 감면, 설비투자에 대한 일정비율 세액공제, 연구 및 개발용품을 수입할 시 관세에 대한 감면 혜택이나 미취업 청년 고용 시 인건비의 일정비율에 대한 지원 등의 혜택이 주어진다.

한편, 이러한 기업부설연구소(연구전담부서)의 많은 지원과 혜택을 지속적으로 받으면서, 추징과 같은 문제를 겪지 않으려면 사후관리가 매우 중요하다.

세법강화에 따라 문제가 있다고 적발될 시에는 그동안 감면받은 세액 전체를 기간에 상관없이 추징당할 수 있으니 코이타(한국산업기술진흥협회)에서 정해놓은 요건이나 규칙에 따라 정확히 준수해야 할 필요가 있다.

　현재는 코이타에서 정기적으로 기업부설연구소(연구전담부서)에 대한 사후관리를 진행하고 있는데 정해놓은 요건이나 규칙을 위반할 시 설립인정이 취소될 수도 있기 때문에 설립 이후에도 연구소 직원의 이직이나 퇴직, 상호변경, 연구소의 공간면적 변경 등과 같이 연구소와 관련된 변경사항이 발생할 시에는 반드시 신고해야 한다.

　그리고 기준이 강화되어 매년 4월에 연구개발활동 조사를 실시하니 꼭 잊지 말고 사후관리에 소홀함이 없어야 한다는 것을 다시 한 번 강조한다.

핵심정리

우리나라 중소기업은 최저한세라고 해서 감면해줄 세금이 아무리 크더라도 다 해주지를 않고 일정금액은 납부하게끔 되어 있으며, 보통은 7%로 적용되는 중소기업이 가장 많은 것으로 나타난다.

따라서 세제 감면되는 여러 혜택을 통해 감면을 받다 보면 최저한세에 걸리는 경우가 대부분이다. 이러한 최저한세마저도 내지 않는 특별한 혜택을 가진 것이 연구소를 통한 세제지원이다.

국가에서 가장 전략적으로 지원하고 많은 혜택을 주는 것이라서 한때는 우후죽순처럼 생겨났지만 이제는 특별관리를 하고 있기 때문에 실제로 연구하는 곳이라면 강력히 추천을 하지만, 옆에서 누군가가 부추겨서 단지 세제혜택만을 받기 위한 연구소 설립은 절대 피해야 할 것이다.

Chapter 10
법인세 신고 다했는데, 또 뭘 봐야 한다고요?

체크 포인트

포인트 1 세무사와 확인해서 문제가 없다고 확인했다.
정말 문제가 없는것인가?

포인트 2 결산은 한번으로 끝나는가?
매년 최소한 3번의 가결산이 있다. 3월, 9월, 12월…

이 책에서는 일정 기간이 되면 회사의 재무제표를 다시금 봐야 한다고 강조하고 있는데, 이에 대해 간략하게 요약하여 정리해 보고자 한다(물론 12장과 19장에 자세히 서술해 놓았다).

이 장을 통하여 대표님/사장님들이 세금에 대한 부분을 마스터 하는 데 많은 도움이 되길 바란다.

1. 3월 법인세 신고전 최종점검

- 재무제표상의 좌변(자산)과 우변(부채+자본)이 일치하는지
  ⋯▶ 불일치시 가지급금 또는 가수금 발생
- 법인의 신용등급 확인
- 세액공제 항목은 누락되지 않았는지
- 법인세 감면항목은 적용되었는지

2. 5월 세무조정계산서 확인

- 세무조정계산서란?

⋯▶ 직전연도의 재무제표, 손익계산서, 제조원가명세서 등 모든 사업상의 세금에 관련된 서류들을 정리한 책자로서 최종 신고된 서류들을 확인할 수 있다.

- 신고된 항목들 중 최종적으로 예상된 세금 등이 맞게 발생/감면되었는지를 확인해야 한다.

3. 8월 가결산(1월~6월까지의 재무제표) 점검

- 1년 중 반이라는 시간인 6개월이 지났다면?
- ⋯➔ 남은 6개월을 예상할 수 있다.
- 매출이 줄었다면?
- ⋯➔ 내년도의 대출 및 운전자금의 계획이 필요하다.
- 매출이 늘고 있다면?
- ⋯➔ 올해가 가기 전에, 설비 및 투자자금을 써야 세금을 줄일 수 있다.

핵심정리

매년 3월이면, 법인세를 내기 전 세무사 직원으로부터 자료를 받는다. 나의 경리직원이 되묻지만, 잘은 모르기에 사장님들은 "이상없으면 그렇게 해요"라는 말을 하고는 한다.

8월 정도면 1~6월의 매출을 확인하고, 12월이면 1년의 가결산을 확인해야 한다.

직원들이 나의 절세방안을 고민해 줄것인가? 그렇지 않다. 이것은 오로지 사장님/대표님의 몫이기에 잘은 모른다 하더라도 꼼꼼하게 살펴보는 습관을 챙겨야 한다.

Chapter 11

종합소득세 신고, 5월에 하세요? 6월에 하세요?

체크 포인트

포인트 1 성실신고대상자가 어떤거죠?
포인트 2 개인사업자가 좋을까요? 법인사업자가 좋을까요?

'성실신고대상자'란 무엇인가?

필자가 자문했던 한 업체 대표님과의 상담 사례를 통해 자세하게 알아보기로 한다.

▶ **필자** 대표님께서는 이미 성실신고확인대상자라고 하셨는데 정확히 성실신고대상자가 무엇인지는 알고 계시나요?

▶ **대표** … 잘은 모르는데 기존에는 5월에 신고했지만 성실은 6월에 신고하는 건 알고 있어요.

▶ **필자** 성실신고확인대상자는 되었지만 그게 어떤 건지 모르시는 대표님들이 생각보다 많으시더라구요. 대부분의 세무사님들은 대표님들께 성실신고확인대상자에 포함될 예정입니다. 또는 포함되었습니다라고 말은 해주시면서 성실신고확인대상자가 어떤 건

지, 어떻게 해야 하는 건지, 뭐가 바뀌는 건지는 정확하게 설명은 안 해준다고 하시더라구요.

▸ **대표** 네. 맞아요. 저도 따로 설명을 듣지는 못했습니다.

▸ **필자** 보통 매출액 기준으로 성실신고대상자를 포함시키게 되는데 농업 및 임업, 도소매업은 매출액 기준 15억 이상, 제조업이나 숙박 및 음식업은 7억5천 이상, 서비스업은 5억 이상이면 성실신고확인대상자가 되었다고 우편으로 안내를 받게 됩니다.

　　지금 말씀드린 성실신고확인대상자를 짧게 표현하면 성실하게 신고할 확인이 필요한 사람을 말합니다. 다시 정리해서 말씀드리면 요주의 인물이 되었다. 그래서 국가에서는 당신을 예의주시해서 지켜보겠다라는 의미입니다. 그래서 일반사업자 신고기간인 5월보다 한 달의 시간을 더 줄테니 6월 말까지 성실하게 제대로 준비해서 신고를 하라고 하는 겁니다. 별로 좋은 의미는 아닌 것 같으시죠?

▸ **대표** 네 그러네요. 좀 불편해 지겠는데요.

▸ **필자** 그럼 무엇을 성실하게 신고하는지 확인을 하겠다는 걸까요?

▸ **대표** 글쎄요..

▸ **필자** 주요 사업현황과 지출비용의 적격여부, 매출누락, 업무에 무관한 개인사업자가 관례적으로 많이 사용하는 가공경비 등을 더 이상 만들어내지 말고 앞으로는 정확하게 증빙을 갖추어서 성실하게 신고하라는 겁니다.

▸ **대표** 정말 좋은 게 아니네요.

▸ **필자** 대표님 지금은 세무사 사무실에 매년 기장을 맡겨서 세금을 신

고하고 계시죠? 성실신고확인대상자가 되기 전까지는 기장해서 신고한 것 중에 탈세 내용이 있거나 다른 잘못된 내용이 있다면 담당 세무사에게는 책임을 묻지 않고 대표님께만 과태료나 벌금을 물리면 되었습니다. 왜냐하면 세무사는 대표님이 제공한 서류를 근거로 신고만 했다고 하면 되었었습니다.

그런데 성실신고확인대상자의 경우에는 완전히 적용이 달라집니다. 위와 같은 문제가 발생하면 성실신고를 담당했던 세무사가 면허취소나 면허정지, 과태료를 내거나 영업정지 등의 처벌을 받게 되거나 심한 경우에는 옷을 벗고 세무사직에서 물러날 수 도 있습니다. 이렇듯 본인의 직업까지 날아갈 수도 있는 상황이다 보니 성실신고대상자가 되기 전에는 일반적으로 처리해 주었던 부분들을 적격여부에 따라 못해주게 되는 겁니다. 그래서 매출이 크게 차이가 안 나고 비슷하더라도 내야 하는 세금은 비용처리가 그만큼 안 되다보니 대표님이 납부하셔야 하는 세금은 엄청 늘게 되어 흔히들 말씀하시던 것처럼 세금폭탄을 맞는 일도 발생하게 됩니다. 지금 말씀드린 내용이 성실신고확인 대상자가 되면 일반적으로 겪게 되는 상황입니다.

▣ **대표** 아 그렇군요. 이번 기회에 제대로 검토해 봐야겠네요.

- 중간 생략 -

▣ **필자** 대표님 그렇다고 무조건 법인이 유리한 것은 아닙니다. 각각의 장단점이 있기 때문에 무조건 법인으로 설립 또는 전환하시면 안 되고, 저희의 체크리스트 사항들을 검토를 해보신 후에 대표님 회사에 유리한 방향으로 하셔야 합니다.

체크해야 하는 사항들 중 몇 가지만 예를 들면, 순이익이 일정 부분 이상인 경우, 매출에 비해 비용처리가 원활하지 않은 경우, 신규 투자나 대출확대를 계획하는지 등의 많은 내용들이 있는데 다양한 사항들을 체크리스트로 만들어 보시고 결정하셔야 합니다.

해마다 이맘때가 되면 특히 법인전환 또는 법인설립 관련해서 엄청 많은 문의가 들어오곤 한다.

매년 5월에서 6월에는 개인사업자들이 개인으로 사업을 계속하는

게 좋을지, 법인으로 사업을 하는 게 좋을지 고민을 가장 많이 하는 달이기도 하다. 그 이유는 성실신고대상자가 될 것 같거나 이미 성실신고대상자가 되어 종합소득세를 5월에 신고할 때에 비해 6월에 신고하게 되면서 대다수의 분들은 기존에 비해 더 많은 세금을 내게 되거나 많은 세금 내는 것을 보면서 법인사업자에 대한 고민을 많이 하게 되는 것 같다.

한 해 동안(1.1~12.31) 생긴 소득이 두 가지 이상인 경우에는 이름이 다른 두 가지 이상의 소득을 합쳐서 5월 말이나 6월 말에 종합소득세를 신고해야 한다.

참고로 아주 간략하게 세금을 신고하는 기준에서 보면 한 해 동안 합산하는 종합소득의 종류에는 이자소득, 배당소득, 사업소득, 근로소득, 연금소득, 기타소득 등이 있다.

그리고 이러한 종합소득과 따로 분류해서 신고를 하는 양도소득과 퇴직소득이 있을 수 있다. 그래서 분류 과세라고 부르기도 한다. 이것은 향후 세금을 절세할 수 있는 중요한 포인트로 사용될 수 있으니 기회가 된다면 한번쯤 잘 알아보길 권한다.

예를 들면, 2022년도에 사업소득도 있고 근로소득도 있다면 2023년도 5월 말이나 6월 말에 종합소득세 신고를 해야 하는 것이다.

일반적인 경우 종합소득세 신고는 5월 말까지 완료해야 하는 게 원칙이다.

성실신고확인대상자

업종별	2014~2017귀속	2018 귀속부터
1. 농업·임업 및 어업, 광업, 도매 및 소매업(상품중개업을 제외한다), 부동산매매업, 그밖에 제2호 및 제3호에 해당하지 아니하는 사업	해당년도 수입금액 20억 원 이상	해당년도 수입금액 15억 원 이상
2. 제조업, 숙박 및 음식점업, 전기·가스·증기 및 공기조절 공급업, 수도·하수폐물처리·원료재생업, 건설업(비주거용 건물 건설업은 제외), 부동산 개발 및 공급업(주거용 건물 개발 및 공급업에 한함), 운수업 및 창고업, 정보통신업, 금융 및 보험업, 상품중개업	해당년도 수입금액 10억 원 이상	해당년도 수입금액 7.5억 원 이상
3. 부동산 임대업, 부동산업(부동산매매업은 제외한다), 전문 과학 및 기술 서비스업, 사업시설관리·사업지원 및 임대서비스업, 교육 서비스업, 보건업 및 사회복지 서비스업, 예술·스포츠 및 여가관련 서비스업, 협회 및 단체, 수리 및 기타 개인 서비스업, 가구내 고용활동*[별표3의3] 사업서비스업**	해당년도 수입금액 5억 원 이상	해당년도 수입금액 5억 원 이상

*[별표3의3] 현금영수증 의무발행업종

구분	업 종
사업 서비스업	변호사업, 공인회계사업, 세무사업, 변리사업, 건축사업, 법무사업, 심판변론인업, 경영지도사업, 기술지도사업, 감정평가사업, 손해사정인업, 통관업, 기술사업, 측량사업, 공인노무사업

(국세청 홈페이지 캡쳐, 2022. 12월 기준)

** 다만, 제1호 또는 2호에 해당하는 업종을 영위하는 사업자 중 [별표3의3]에 따른 사업서비스업을 영위하는 사업장의 경우에는 제3호에 따른 금액 이상인 사업자를 말한다(2012.02.02. 소득세법 시행령 제133조 제1항 단서 신설).

성실신고사업자

업종별로 차이는 있지만 농업, 임업, 도매 및 소매업 등은 15억 이상, 제조업이나 음식점업 등은 7억5천 이상, 부동산 관련 서비스업, 교육 서비스업 등은 5억 이상의 매출을 넘게 되면 성실신고사업자라는 타이틀을 받게 되고, 이 경우 성실신고사업자들에게는 한 달의 기간을 더 부여하여 6월 말까지 신고하도록 하고 있다.

여기에서 성실신고대상이 되었다는 것은 제대로 꼼꼼하게 성실하게 신고를 하는지 안 하는지를 국가가 관심 있게 지켜보고 있는 것이라 생각하면 된다.

기본적으로 보면 국가의 방향은 법인사업자를 선호하고 있다는 느낌이 든다.

그 이유는 국가는 이미 2010년 12월 중소기업진흥에 관한 법률 제3조(구조고도화지원계획 등)을 통해 진작부터 개인사업의 법인전환을 적극 권장해 왔던 것에서 알 수 있다.

법인사업자

보통 법인사업자의 경우는 30~40억의 매출이 있어도 성실신고확인대상처럼 빡빡하게 하지는 않는다. 개인사업자의 성실신고확인제도는 법인사업자의 외부 감사제도와 비슷하다고 할 수 있다.

법인은 직전 사업연도 말 자산총액 120억 이상, 직전 사업연도 말 부채총액 70억 이상, 직전 사업연도 말 매출액 100억 이상, 직전 사업연도 말 종업원 수 100명 이상의 위 4가지 항목 중 2가지 이상이 해당되거나 또는 직전 사업연도 기준 자산총액이 500억 이상이거나, 매출액이 500억 이상이 되어야 외부감사 대상이라고 보면 된다(비상장 주식회사 기준).

이러한 제도가 단순히 세금을 더 걷기 위한 것은 아니라는 사실을 알아야 한다. 이는 국가가 세금을 더 걷기보다는 법인으로의 전환을 통해 세수의 투명화를 원하는 것으로 보아야하기 때문이다. 세수 투명화는 전자세금계산서발행, 소득공제 혜택을 통한 신용카드의 사용권장, 현금영수증 등이 대표적인 예라고 할 수 있다.

이렇듯 국가의 정책 방향에 맞추어 가는 것과 방향에 반하는 경우 어느 쪽에 혜택 또는 벌칙을 주고 싶을지는 누구나 판단할 수 있을 것이다.

다만 무조건 법인사업자가 모든 사업자들에게 유리한 것만은 아니니 우리 회사의 현재 상황과 대표님의 생각을 반영하여 판단해야 한다. 경우에 따라서는 개인사업자로 유지하는 게 더 도움이 되는 케이스도 있으니 무조건 개인이 옳다, 또는 법인이 옳다는 것은 아니라는 점 꼭 기억하고 반드시 전문가를 통해 상담을 받고 진행하는 것이 분명 도움이 되리라 생각된다.

한 가지 덧붙이면 법인설립과 법인전환도 방식에 따라 세제혜택이나 승계 등의 많은 차이가 생길 수 있다는 것이다. 아주 간혹 라이센스를 가지고 계신 소수의 업체들이 법인설립이 가장 편하고 빠르니 그냥 설명도 생략하거나 대충하고 진행하는 경우도 많이 봐 왔는데 대표님들이나 사장님들이 꼭 이해가 될 때까지 충분히 상담을 받으면서 본인의 계획이 어떤지 등도 의견을 분명히 표명하여 회사에 가장 유리하고 도움이 되는 방법을 선택해야 하는 것은 너무나 당연한 일이다.

우리 사업장은 개인사업자가 유리할까, 법인사업자가 유리할까?

개인사업자와 법인사업자의 비교

개인사업자는 설립절차가 단순하고 신속하다는 장점이 있다. 설립하고 유지하는 비용 또한 법인사업자에 비해 적게 는 것이 사실이다. 더구나 자금에 대한 입출금을 마음대로 해도 가지급금, 가수금 등의 문제가 발생하지 않는다는 것도 장점이다.

개인사업자와 법인사업자의 장단점

	개인사업자	법인사업자
장점	• 설립절차가 비교적 단순하고 신속함 • 비용이 적게 듦 • 입출금시 가지급금 문제 없음 • 신속한 의사결정	• 개인사업자에 비해 낮은 세율 적용 • 유한책임(출자한 지분 한도) • 대표자 급여 비용 인정 • 배당 가능 • 가업상속이나 승계 가능
단점	• 법인에 비해 높은 세율 • 무한책임 • 자금조달 어려움 • 대표자 급여 비용 인정 안 됨 • 가업상속이나 승계 어려움	• 설립시 비용이 개인사업자에 비해 높음 • 자금의 사적 유용시 가지급금 문제 발생 가능성 • 주주총회나 이사회 등을 통한 의사 결정

법인사업자는 개인사업자에 비해 낮은 세율을 적용받는다는 장점이 있다. 소유와 경영을 분리하여 경영 리스크를 분산시킬 수도 있다. 법인으로 대출을 좀 더 편하게 받을 수 있고, 소득의 형태를 달리하거나 귀속처나 시기를 분산시킴으로서 절세는 물론 퇴직금 등 법인을 통해 노후를 대비할 수 있다는 것도 큰 장점이 된다.

반면에 개인사업자는 최고 49.5%(지방세포함)의 높은 세율과 향후 사업의 정리나 승계 시 안정성이 떨어진다는 단점이 있으며, 법인사업자는 조금은 더 복잡하고 설립유지비용이 개인사업자에 비해 많이 발생한다는 것이 단점이다. 또한 개인사업자처럼 자유롭게 돈을 인출하다가는 가지급금 등의 문제도 발생할 수 있다는 것도 단점으로 지적할 수 있겠다.

이 내용을 보면서 아마 대개는 다음과 같은 생각을 하게 될 것이라 생각된다.

아주 단순하게 생각하면 장점을 극대화하고 단점을 최소화하거나 없앨 수 있다면 그것이 가장 좋은 방법이라 할 수 있을 것이다.

예를 들면 우리 사업장은 매출이 아주 적고, 주로 현금결제가 이루어지고 있다면 당연히 개인사업자가 유리할 것이다.

이에 반해 우리 사업장은 도소매업인데 매출도 크고, 대부분 세금계산서나 카드결제를 위주로 하고 있다면, 또는 서비스업이라 사업매출은 3~4억 정도로 그렇게 크지는 않아도 이익률이 높아서 비용으로 인정되는 부분이 거의 없으며, 순이익이 1~2억 정도가 된다면 법인사업자가 유리할 것이다.

실무에서 대표님들이 법인으로 가는 건 맞는 것 같은 데도 고민하는 것 중에 제일 많은 질문이기도 하다.

첫째, 돈을 함부로 못 쓸까봐

둘째, 복잡한 것 같아서

셋째, 법인사업은 안 해봐서 걱정되어서

"맞다. 나도 그런 것 같다"라고 생각된다면 고민만 하지 말고 바로 전문가를 통해 고민을 해결하고 좋은 결정을 내리기를 바란다.

이외에도 많은 변수가 있을 수 있다. 법인으로 전환하고 싶어도 대출이 승계가 안 된다거나, 인증을 넘길 수 없다거나, 고용지원을 더 이상 받을 수 없다거나, 업력이 인정 안 된다는 것 등 고려해야 할 사항 또한 많기 때문에 고민이 있다면 제대로 된 전문가를 통해 상담을 받고 진행하길 다시 한 번 당부한다.

핵심정리

　개인사업자와 법인사업자는 각각의 장단점이 존재한다. 개인은 법인보다 업무나 의사결정을 할 때 편하고 법인은 절세를 할 수 있는 방법들이 다양하다. 단지 법인으로 바꾼다고 해서 개인일 때 보다 세금이 줄어들지는 않는다. 즉, 법인을 제대로 알고 활용할 줄 알아야 하고 실행할 줄 알아야 이런 것 들이 가능해진다.

　따라서 사업을 하는 사업자 입장에서 더 유리한 게 많은 쪽으로 선택하는 것이 바람직하다고 생각한다. 다만 개인과 법인의 장단점을 정확히 파악하지 못하고 단순히 주변 사람의 이야기만 듣고, 또는 두려움만 갖고, 귀찮아서 미루고 있다면 이것은 매우 바람직하지 못하다고 생각된다.

　지금부터 1~2년 정도만 더 하고 사업을 정리한다면 굳이 변화를 꾀하는 것이 의미가 없을지 모르지만 최소 5년 이상을 영위할 계획이라면 꼭 전문가를 통해 본인의 생각을 제대로 이야기해보고 도움이 되는 쪽으로 결정하는 것이 현명한 선택이라고 생각한다. 정확히 본인의 위치를 파악해서 앞으로의 계획이나 꿈을 사업에 녹여낼 수 있다면 좀 더 멋진 미래의 청사진을 만들 수 있으리라고 확신한다.

PART 3
7월~9월

여름의 경영

성장판을 활성화 시키자

연간 세무 일정

　우리나라 세무일정은 크게 매월, 반기별, 분기별, 연간으로 구분해서 살펴 볼 수 있다.

　먼저 월별로 살펴보게 되면, 매달 10일은 원천징수세액 신고납부기한이며, 일용근로자의 매월 지급분에 대한 지급명세서에 대해서는 다음 달 말일까지 제출해야 한다. 또한 프리랜서의 사업소득에 대한 간이지급명세서는 매월 지급분에 대하여 그 다음 달 말일까지 제출하게 되어 있다.

　다음으로 반기별로 살펴보게 되면, 근로소득 상반기 지급분을 합친 간이지급명세서는 7월 말일까지, 하반기 지급분을 합친 간이지급명세서는 이듬 해 1월 말일까지 제출해야 한다. 그리고 이와 별도로 1년분(1.1~12.31) 근로소득에 대한 연말정산 지급분에 대해서는 3월 10일까지 지급명세서를 제출해야 한다.

　개인(일반과세자)사업자의 경우 1기(1.1~6.30)에 대한 확정신고는 7월 25일까지, 2기(7.1~12.31)에 대한 확정신고는 이듬해 1월 25일까지 신고하도록 하고 있다.

　연간 세무일정을 살펴보면, 앞에서 언급한 개인(간이과세자)사업자의 부가가치세 신고납부는 1월 25일에 한 번 있다. 그리고 면세 개인사업자는 2월 10일에 사업장 현황 신고가 있다.

　법인사업자의 경우에는 임의로 회계연도를 정할 수 있다. 사업연도 종료일로부터 3개월 이내에 신고납부기한을 규정하고 있어서 우리나라 대다수의 법인은 12월 말을 사업연도 종료일로 하는 경우가 많아 대부분의 법인이 3월 말이 법인세 신고납부기한이다.

　개인사업자의 경우에는 5월 말이 확정신고 납부기한인데, 성실신고 대상자는 6월 말까지 신고납부하면 된다.

　위에서 정해진 날이 공휴일이나 휴일로 지정이 되는 경우에는 다음과 같은 규정이 적용된다. 즉 「국세기본법」 제5조(기한의특례) 규정에 따라 신고·납부 기한일이 공휴일·토요일 또는 근로자의 날에 해당하는 때에는 공휴일·토요일 또는 근로자의 날의 다음 날이 기한일이 된다.

연간 세무 일정표

월	업 무	월	업 무
1월	부가세 확정신고 1/25 - 하반기 근로간이지급명세서 제출 1/25	7월	- 부가세 확정신고 7/25 - 상반기 근로간이지급명세서 제출 7/25 - 국민연금 변경
2월	- 연말정산, 사업장현황 신고 (면세) 2/10	8월	- 법인세 중간예납
3월	- 건강보험 보수총액신고 3/10 - 고용산재 보수총액신고 3/15 - 법인세 신고 3/31	9월	
4월	- 부가세 예정신고 4/25 - 근로자 건강보험료 연말정산 적용	10월	- 부가세 예정신고
5월	- 종합소득세 신고 5/31 - (개인사업자)국민연금, 건강보험 보수 총액신고 5/31	11월	- 종합소득세 중간예납
6월	- 종합소득세(성실) 신고 6/30 - (성실)국민연금, 건강보험 보수 총액 신고 6/30 - (개인사업자)건강보험료 연말정산 적용	12월	- 종합부동산세 납부신고 12/15

여름(7월~9월)의 주요 세무일정

- 7월에는 25일에 1기(1.1~6.30)의 부가가치세 확정신고 납부기한이 있다.
- 8월에는 말일이 12월 결산법인 법인세 중간예납기한이다.
- 9월에는 말일까지 6월말 결산법인의 법인세 신고납부기한이 있다. 또한 재산세 납부기한이다.

Chapter 12 연말도 아닌데 결산을 해보라고요?

체크 포인트

- 포인트 1 결산이란 무엇인가?
- 포인트 2 결산은 꼭 연말에 해야 하는가?

이번 장에서는 개인사업자/중소기업 등 모든 사업자들이 힘든 시기를 겪으면서도 사업을 안정권 및 성장기를 향해 달려가면서 아쉽게 놓치는 부분에 대해 짚어보려 한다.

1. '결산'에 대하여 어떻게 생각하시나요?

'결산'이란 사업을 영위하면서 회계결산일(대부분 12월 31일)을 기준으로 1년 동안에 발생된 것들을 정리/확인하는 것을 말한다.

1년 동안의 가계부를 작성한다고 생각해도 무방하겠다. 그렇다면, 가계부가 작성되고 나면 그 다음은 무엇을 해야 할까?

사장님/대표님들은 대부분 다음과 같이 생각을 하는 것 같다.

"그래서 세금을 얼마를 내야 하는 거지?"

맞는 이야기이지만, 한편으로 많은 생각을 해야 하는 부분이기도 하다. 또한 추가로 생각해 보아야 할 것들도 있다. 어떠한 것들이 있을 수 있는지 시기별로 두 번으로 나누어 설명해 보자.

1. 7~8월경에는 '가결산'을 꼭 해볼 것을 권장한다.
2. 12월경에는 '최종결산'에 대해 반드시 검토할 것을 추천한다.

이처럼 1년에 두 번의 결산을 할 것을 권장하는 이유는 당연히 '절세'를 위해서이다.

> 미국에는 유명한 속담이 하나 있는데, 미국 대통령을 지낸 벤자민 프랭클린이 한 이야기라고 한다.
> "사람으로 태어나면 두 가지를 피할 수 없다. 한 가지는 죽음이고, 다른 한 가지는 세금이다."

현명한 경영인이라면 절대 놓쳐서는 안 되는 것이 '절세'의 기회이다. 불법이나 편법이 아닌, 합법적인 방법으로의 절세전략은 반드시 필요하다. 결론적으로 이야기하면, 미리 준비하여 제대로 대응하고 전략을 잘 세운다면 세금은 줄일 수 있다는 것이다.

다음의 사례를 살펴보며 왜 두 번의 결산을 확인할 필요가 있는지에 대해 생각해 보도록 하자.

사례1 인천에서 제조/유통업을 하고 계시는 박OO 대표님의 사례

내용 박OO 대표님은 20년이 조금 안 되는 운영 기간 동안 안정적인 사업단계에까지 성장하였으며, 직원들도 외국인을 포함하여 30명가량 되는 건실한 중소기업이었다. 매년 납입할 세금이 늘어나고 있다며 행복한 고민을 토로하는 대표님과 상담을 하던 중에 특이한 점을 발견하게 되었다.

그것은 가족들이 실제로 운영을 같이 하고 있다는 점이었는데, 즉 배우자, 아들, 딸 등과 일을 하면서도 너무 적은 급여의 책정은 물론 퇴직금도 적립하지 않고 있던 것을 알게 되었다.

그래서 왜 그렇게 하는지 의아해서 물어보았다.

대답은 "그동안은 회사에 재투자를 해야 했기에, 많은 급여를 가져가면 안 된다고 생각했다"는 것이다.

당시의 시기가 5월 정도였기에, 7~8월경에 '가결산'을 해 볼 것을 권장한 후에 다시 방문을 해 보았다.

해법 이후 8월경 방문 전 박OO 대표님에게 자료를 요청하면서, 담당 기장 세무사에게 1~6월까지의 재무제표를 보내 달라 하였다. 이때 예상할 수 있는 간단한 계산법이 있다. 1년의 반이라는 시간이 지났기에 2배수를 하게 되면 대략적인 금년도의 매출액을 예상할 수 있는 것이다.

또한 그 전년도 등의 서류를 보게 되면 대략적인 영업이익률을 계산할 수 있기도 하다. 어렵게 생각할 것이 아니다. '매출액' 항목을 찾은 후 '이익금' 항목을 찾으면 되는, 매우 단순한 단계이기 때문이다.

이 두 가지를 보게 되면(실제로 살펴보는 데는 1~2분 정도 걸린다) 올해 매출액이 늘어날지 여부를 예상할 수 있다.

이때, 매출액이 늘어나게 되면? ⋯▸ 당연히, 이익금도 늘어날 것이고, 그렇다면, 납부할 세금 또한 당연히 늘어나게 될 것이다!

결과 이제는 행복해 하면서 납부할 세금을 준비하면 되는 것일까?

답은 당연히 '아니다!'이다. 사례에서 봤을 때 '가족경영'이라는 특이한 케이스라는 것을 알았다. 여기서 생각할 수 있는 것은 재화창출을 위해서 사업을 운영하는 것이고, 대표님 혼자의 소득으로 가져가게 되면 세율은 점점 더 높아진다는 점이다. 배우자/자녀1/자녀2의 급여를 올려주게 되면 매우 유리한 소득분산이 가능해진다. 소득세의 누진세율표는 아래의 <표>와 같다. 대표님 역시 소득을 너무 적게 가져가는 상황이기에 다른 이자소득 등이 있는지를 살펴본 후 급여의 책정을 다시 하게 하였고, 가족들에게도 같은 솔루션을 제공해 주었더니 매우 만족해했던 경우였다.

(*임원의 급여명세서 등 임시주총, 정관확인 등의 법률적 준비도 필요하다. 다른 장에서 자세하게 설명하였으니 참고하기 바란다.)

2023년 소득세율표

과세표준	세율	누진공제
~ 14,000,000원 이하	6%	-
1,400만 원 초과 5,000만 원 이하	15%	126만 원
5,000만 원 초과 8,800만 원 이하	24%	576만 원
8,800만 원 초과 15,000만 원 이하	35%	1,544만 원
15,000만 원 초과 30,000만 원 이하	38%	1,994만 원
30,000만 원 초과 50,000만 원 이하	40%	2,594만 원
50,000만 원 초과 100,000만 원 이하	42%	3,594만 원
100,000만 원 초과	45%	6,594만 원

사례1 천안에서 장난감 유통업을 하는 개인사업자 김OO 사장님

내용 김OO 사장님은 사업을 한지는 7년 정도 되었으며, 특이사항은 다음과 같았다.

1. 혼자 하다가, 친구에게 사업을 제안하여 개인사업자를 추가 예정
2. 매출이 점점 늘어나자 세금문제에 대해서 고민

내용을 살펴보니, 1번과 2번의 연계점이 많았다. 우선 저출산이 큰 문제로 대두된 우리 사회에서 어떻게 아이들의 장난감이 잘 팔리나 살펴보니, 한 아이에게 교육과 혜택이 집중되기에 매출이 오히려 더욱 늘어나는 상태였으며, 그로 인해 매출이 늘어나면서 세금이 걱정되어 본인 명의 외에 친구의 명의로 개인사업자를 추가하려는 상황이었던 것이다. 일견 전략적이라 판단할 수도 있겠으나, 우리의 판단은 달랐다.

해법 첫 번째 사례와 마찬가지로 7~8월경에 '가결산'을 시행하였다. 결과는 역시나 매출이 늘어나고 있는 행복하지만 고민되는 상황이었다. 따라서 다음과 같은 해법을 제시하였다.

1. 친구와의 사업자 분리는 좋은 방안은 아니다.

향후 투자의 문제, 또는 사업상의 손해나 책임 문제가 발생되었을 때 대처하기가 어렵다. 근로자의 형태를 취하더라도 법인사업자로의 전환이 오히려 유리할 것이며, 공동사업자의 형태

라 하더라도 책임소재를 명명백백히 할 수 있는 법인이 적절하다는 결론이었다.

(＊개인사업자와 법인사업자의 전환 및 장단점은 11장에서 구체적으로 다루고 있으니 참조하기 바란다.)

2. 12월 초에 '최종결산'을 검토하면서, 다음과 같이 조언하였다.

우선 자재창고의 추가계약이 필요한 상황이니, 임대보증금 등의 지급을 금년 안에 마무리 하는 것이 유리할 것이다. 이유는 단순하다. 이익금으로 남긴 후에 12월 31일을 넘기게 되면, 즉 이익금으로 인정이 되면, 세금을 납부해야 하기 때문에 보증금 또는 매입에 따른 부동산의 형태로 '자산'으로의 전환이 유리하다는 것이다.

또한 업종의 특성과 매출이 증가하고 있으니, 해를 넘기기 전에 선주문이 들어오고 있는 장난감 등을 추가 매입, 세금계산서를 발행하는 것이 좋겠다! 마찬가지로, 이익금이 아닌 '자산'으로 전환되니 세금납부의 이연효과가 발생되기 때문이다.

> **해법** 사장님은 이 해법에 대해 매우 만족해하였으며 향후에도 계속하여 자문받기를 요청해 왔던 케이스이다. 아래 재무제표상의 동그라미 부분의 이전되는 것을 기본으로 이해하면 되겠다.

핵심정리

매출이 늘어났다면? 특별한 경우가 아니라면, 이익금도 늘어나고 있다.
만약,
1. 그동안 바꾸고 싶었던 장비가 있었다면? 올해 법인세를 내고, 내년에 구매할 것인가?
2. 그동안 직원들의 퇴직금을 적립해 주지 못했더라면? 올해 세금을 내고, 내년에 적립할 것인가?
3. 그동안 부족했던 원자재/원재료가 있다면? 내년에 구입할 것인가?

답은 뻔하다. 위의 표에서 보는 바와 같이 사용해야 할 금액이라면?
이익금이 늘어난 지금 지출을 해야 할 것이다.

Chapter 13 분기별로 부가세 신고했는데, 확정신고를 또 하라고요?

> **체크 포인트**
>
> **포인트 1** 부가세는 몇 번 내야할까?
> **포인트 2** 부가세는 억울한 세금일까?

대표님들 중에 1월에 부가세 확정신고를 했는데, 7월에 또 하느냐고 물어오는 경우가 종종 있다.

결론부터 얘기하면 부가세 확정신고는 1월과 7월에 두 번 하게 되어 있다. 부가가치세 신고기간은 6개월을 과세기간으로 정하고 상반기와 하반기로 나누어 제1기와 제2기에 신고납부하게 되는데 이를 확정신고라고 한다. 각 과세기간별로 3개월씩 다시 세분화하여 중간 예정신고(고지) 기간을 두고 있기도 하다.

6장에서도 잠깐 언급했듯이, 부가가치세는 일반적인 경우에는 법인사업자는 연4회 부가가치세 신고 및 납부를 해야 하며, 개인사업자는 일반과세자와 간이과세자로 구분하여 각 연2회, 각 연1회로 신고 및 납부를 하게 되어 있다.

부가가치세 신고 대상자별 신고 납부기간

과세기간	신고대상자	과세 대상기간		신고납부기간
제1기 1.1~06.30	법인사업자	예정신고 (고지)	1.1 ~ 3.31	4.1~ 4.25
	법인·개인 일반사업자	확정신고	1.1 ~ 6.30	7.1~7.25
제2기 7.1~ 12.31	법인사업자	예정신고 (고지)	7.1 ~ 9.30	10.1~10.25
	법인·개인 일반사업자	확정신고	1.1 ~ 12.31	다음해 1.1~1.25

부가가치세 부과대상의 구분 및 신고 횟수를 정리하면 다음 <표>와 같다.

부가가치세 부과대상의 구분 및 신고 횟수

구 분	횟 수
법인사업자	연 4회 신고 (납부)
개인사업자	일반과세자 : 연 2회 신고 및 납부
	간이과세자 : 연 1회 신고 및 납부

> **Tip** 기존 법인사업자는 예정신고(납부)만 있었는데 2021년 4월 1일 이후부터 소규모 법인사업자의 부가가치세 예정고지 제도가 최초로 시행되었다.
>
> 직전 과세기간 공급가액의 합계액이 1억5천만 원 미만인 법인사업자에 대하여 예정신고 대신 직전 기납부 세액의 50%를 예정고지하고 징수금액이 30만원 미만인 경우에는 징수하지 않는다.

핵심정리

일 년에 몇 번을 언제 내는지 혼란스럽더라도 일반 개인사업자는 일 년에 2번(1월25일과 7월 25일) 납부하고, 법인사업자는 4번(1월 25일, 4월 25일, 7월 25일, 10월 25일) 납부해야 한다는 것만은 꼭 기억하자!

10장에서도 이야기 했듯이 사업을 하면서 발생하는 부가가치세는 내 사업소득이 아니고 국가에 납부해야 하는 세금을 일시 맡아 놓은 것이다. 매출 발생 시에 미리 받아놓고 사업에 필요해서 지출해야 하는 부분이 있다면 그때 매입비용에 포함해서 지급한 부가가치세를 빼고 납부하라고 과세사업자에게 정해 놓은 제도이니 부가세 납부 통장에 잘 저축해 놓았다가 납부하는 습관을 갖도록 하자!

Chapter 14
내년도에 대한 대비를 지금부터 해야 한다고요?

체크 포인트

포인트 1 사업상의 세금을 모두 알고 있다고 착각을 하면 위험하다.

포인트 2 말도 안 되는 노무제도! 하지만 악법도 법이다!

다들 경험해 보았을지 모르지만 사업이라는 것은 참으로 신기한 부분이 있는 것 같다. 신경을 많이 써준다고 해서, 무엇인가가 극적으로 좋아지는 효과가 나타나는 것은 아니다. 그렇다고 나몰라라 해버리면 조금씩 그러한 것들이 쌓여 어느 순간 파도처럼 밀려 들어오는 것을 경험하게 된다.

그렇다면 사장님/대표님들이 신경써야 할 시기별 점검사항은 무엇이 있을까?

그중에 가을쯤 되면, 신경 써야 할 것 중 대표적인 것들이 있다. 바로, '세금'에 대한 부분과 '노무'에 대한 부분이다.

항상! 그것도 자주 나오는 것을 보면 매우 중요한 사항임을 짐작할 수 있을 것이다.

이번 장에서는 사례보다는 정확한 규정에 대해 알아보겠다.

매년 8월 즈음이 되면 발표되는 내용들이 있다. 바로 개정세법안과 최저임금 및 근로에 관련된 개정안들이다.

몇 년 전(2021년) 발표된 개정세법안 중에 매우 충격적인 내용이 있었다. 그 내용은 다음의 <표>와 같다.

개정세법안중 '미처분 이익 잉여금'에 관련된 내용

정부안	수정안
▣ 개인 유사법인의 초과 유보소득 배당 간주 ㅇ (적용대상) 최대주주* 및 **특수관계자**가 80% 이상 지분을 보유한 법인**(개인 유사법인) 　* 특수관계자와 함께 최대지분을 보유한 주주 　** 사업특성 등을 감안하여 제외 법인은 시행령에 규정 ㅇ (과세방식) 초과 유보소득은 주주에게 배당한 것으로 간주하여 주주에게 배당소득세 과세 　- 배당 간주금액 　　= 초과 유보소득(유보소득-적정 유보소득)×지분비율 ㅇ (적용기준) 　- (유보소득) 각 사업연도 소득금액+(과오납환급금 이자 등)- 　　(이월결손금·세금 등) 　- (적정 유보소득) Max{(유보소득+잉여금처분에 따른 배당 등) 　　×50%, 자본금×10%} ㅇ (간주배당 귀속시기) 각 사업연도의 결산확정일 ㅇ (간주배당 지급시기) 각 사업연도의 법인세 신고기한 ㅇ (간주배당 소득세 원천징수) 개인 유사법인은 간주배당 지급시기에 개인주주에 대해 원천징수 ㅇ (중복과세 조정) 향후 배당 간주금액을 주주에게 실제 배당하는 경우 배당소득으로 보지 않음	\<삭제\>

* 개인 유사법인의 초과 유보소득 배당 간주제도 신설 보류(조특법 104조의 33)

이 표는 무슨 뜻일까? 간단히 정리하자면 다음과 같다.

사업상 매년 쌓여있는 '미처분 이익 잉여금'을 살펴본 후 자본금의 규모와 비교하여, 미처분 이익 잉여금의 50%에 해당하는 금액을 '취득'하였다고 간주(지급하여 가져갔다고 계산하겠다는 뜻)한다는 것이다.

예를 들어, 미처분 이익 잉여금이 10억 원 정도 있는 사업체라고 가

정해 보자(상담을 하다 보면, 실제로 많이 존재한다). 이 회사의 경우에는 5억 원을 가져갔다고 계산하여 세금을 부과하겠다는 의미이다.

그렇다면,

> 5억원 × 세율(약40%라고 가정) = 세금 약 2억 원 발생

결국 약 2억 원의 세금을 부과하겠다는 것이다.

다른 방향에서 질문을 던져 보도록 하겠다.

'미처분 이익잉여금'이 있는 사업자들의 경우, 실제로 사업자 통장에 이 돈이 존재할까?

그렇지 않은 경우가 대다수이다. 사업상의 이유로(회사의 신용 등) 이러한 계정들이 존재하는 것일 뿐이다. 이러한 것들에 대한 해결책은 사실 쉽지만은 않다.

다행히도 이 개정안은 보류되어 시행되지는 않았다. 취소나 무산이 된 것이 아니고 보류되어 둥~둥~ 떠다니고 있다는 것이 맞는 표현이라 하겠다.

그렇다면, 우리 사장님/대표님들은 어떻게 하는 것이 좋을까? 매년 발표되는 세법 개정안에 대해서 준비도 해야 하며, 검토 후 잘못된 회계상의 문제가 있다면, 해결책을 찾아야 할 것이다. '세금'에 대한 문제는 대부분 1~2년 안에 해결할 수 있는 문제들은 아니다.

과거 법인의 설립정책상 '법인의 발기인; 주주의 구성'의 문제로, 직

계가족이 아닌, 친척이나 선배/친구들로 구성된 '명의신탁, 차명주식' 등이 대표적이라 할 수 있다.

이러한 경우, 세무/회계사 및 전문가들과 상의하여 중/장기적인 해결책을 찾는 것이 정답이다. 서두에 언급한 바와 같이 "지금은 머리 아프니 나중에…"라는 방법은 "손바닥으로 하늘을 가리는 것"과 같다고 할 수 있다.

또 다른 한 가지는 '노무'에 대한 사전점검이다.

연도별 최저시급 및 급여액

년도	최저시급	월급여
2023년	9,620원	2,010,580원
2022년	9,160원	1,914,440원
2021년	8,720원	1,822,480원
2020년	8,530원	-
2019년	8,350원	-
2018년	7,620원	-
2017년	6,530원	-

*주 40시간 기준, 유급주휴 8시간 포함

1장에서 언급했듯이, '노무' 역시 사업을 하시는 사장님/대표님들이 간과하면 안 되는 매우 중요한 부분이다. 매년 바뀌는 최저시급에 따라서 미리 서류를 정비해 두는 것이 꼭 필요하다.

해를 넘겨 1월에 준비해야지 하거나, 바쁜 사업 때문에 몇 개월을 넘기다가 보면 막상 곤란한 경우가 발생될 수 있기 때문이다.

다시 한 번 강조하지만, 세금에 관련된 신고는 '소명'의 기회라도 얻을 수 있지만 노무에 관련된 신고는 '증명'을 해야만 한다. 즉, 서류가 모두 준비되어 있어야 한다는 것이다.

5장에서 미처 자세히 설명하지 못한 준비되어 있어야 할 서류들을 살펴보면 다음과 같다.

근로 관련 필수 비치 기본 서류 목록

1. 근로기준 계약서 : 근무하는 곳의 소재지, 근로자의 인적사항 및 급여사항(기본급, 연차수당 및 연장/야간/휴일근로 등)의 설정 및 금액 명기, 근로기준법에서 정하고 있는 내용의 기재와 설명의 의무
2. 임금대장 : 매월 발생되는 '기본급+통상임금에 해당하는 사항+추가근무+연차'
3. 임금명세서(근로자에게 매월 교부 의무) : 근로기준 계약서와 일치하여야 하며 4대 보험료 등
4. 근로자 명부 : 근로자의 기본/의무 기재사항
5. 휴가(연차)사용 신청서 : 근로자 본인의 자필서명
6. 휴가(연차)사용 적치대장 : 휴가 사용한 날짜 기재
7. 성실근로각서 : 회사에 피해를 입히거나 배상책임에 대한 자필서명
8. 취업규칙서(10인 이상 시) 구비/근로자들의 동의서 자필서명
9. 사직서 : 근로자 자필서명
10. 퇴직금 지급확인서 : 근로자 자필서명
11. 개인정보보호법/성희롱 예방/장애인 처우 및 시선 개선 등의 의무교육 시행
12. 기타 제조나 특수업의 경우 의무교육 시행 및 자필서명
13. 법인 사업자의 경우 임원의 보수계약서 구비

＊ 근로 관련 각종 서류 양식은 부록 참조.

핵심정리

1. 바뀐 세법에만 신경을 쓰다가는 큰코를 다칠 수 있다. "미리 발표하는 세법개정안"도 신경써야 한다. 매년 발표하는 "개정세법안 : 7월 말에서 8월 발표"를 살펴야 한다. 나에게 유리한 경우는 별로 없다. 대비를 해야 한다.
2. "최저임금"은 매년 오르고 있다. 근래 7년간 오르지 않은 적이 없다. 숫자일 수 있지만 대비를 해야 한다. 그렇지 않다면 그 숫자는 나에게 금액으로 다가올 수 있다.

Chapter 15 정기배당을 못 받으셨어요? 한 번 더 기회를 드릴게요

체크 포인트

포인트 1 배당은 일년에 한번만 가능할까?

포인트 2 중간배당은 어떻게 해야 할까?

이번 장에서는 '배당'에 대한 내용을 알아보기 쉽게, 그리고 구체적으로 짚어보도록 하겠다.

많은 법인사업자들이 이용할 수 있는 매우 좋은 제도들이 있음에도 미처 이용하지 못하고 있는 것을 자주 보게 된다. 이와 관련된 제도 등도 같이 살펴보도록 하겠다.

(* 아쉽게도 개인사업자들은 이용할 수 없는 제도이다. 다만, 법인사업자로의 전환을 고민하고 있다면 유리한 제도이니 꼭 살펴볼 것을 추천한다.)

우선 '배당'이란 무엇인가?

쉽게 설명하면, 법인사업자의 경우 회사 내에 쌓여있는 이익금의 일부를 주주에게 나누어 주는 제도이다. 그렇다면, 실제 상담 사례를 살펴본 후 활용할 수 있는 방법을 찾아보도록 하자.

사례1 부산에서 인테리어 설비/프로그램 개발, 서비스/유통까지 왕성하게 사업 활동을 하고 있는 이OO 대표님의 상담사례이다.

내용 이 대표님은 사업수완도 좋을 뿐더러, 적극적인 재투자로 사업을 왕성하게 확장하고 있는 사업가이다. 사업이 5년차를 넘어서면서 어느 정도 안정기에 접어들었다는 판단과 함께 이제는 일정 정도의 이익금을 회수했으면 하는 생각을 가지게 되었다.

기존부터 경영에 대한 관심이 많아서 배당을 위해 가족들에게 지분(주식의 일부)을 나누어준 상황이었다. 다만, 상담이 이루어진 6월에 '배당'을 하고 싶어 하였으나 정기배당의 시기는 이미 지난 때였다.

해법 몇 가지 알아야 할 규정이 있다. 법인이 해야 하는 주주총회라는 제도이다. 이는 '회계결산일'로부터 90일 내에 주주로 이루어진 일종의 회의(총회)를 열어야 한다.

(＊일반적인 회사들은 12월 31일을 회계결산일로 지정하고 있다. 그렇기에 주주총회는 3월 말까지 시행해야 한다.)

이때 회사의 이익금을 배당하겠다는 내용을 결정(결의)하여야만 배당을 실시할 수 있는 것이다. 그런데 대부분의 법인들은 이미 전년도에 세금을 적게 납부하기 위하여 합법적인 절세전략(회계전략)을 시행하여, 1분기(1월~3월)에는 이익금이 별로 없는 상황이 된다. 그렇기에 어느 정도 시기가 지난 후에 이익금이 또다시 쌓였을 때 배당을 하고 싶어 하는 것이다. 방법이 없었을까?

방법은 의외로 간단하다. 임시주총(회계결산일과 무관하게 개최 가능)을 열어서, 배당을 시행하겠다고 결의하면 된다.

이렇게 중간에 시행하는 배당을 '중간배당'이라고 한다.

즉, 주식을 가진 사람들이 서류상에 임시주총을 여는 것에 동의하고, 배당하겠다는 내용에도 동의하면 된다. 몇 가지의 행정적인 서류만 준비하면 되는 간단한 절차인 것이다.

그렇다면 배당을 시행하면 어떤 점이 유리해지는 것일까?

우선 세금에 대해서 이해해야 할 필요가 있다. 12장에 게재한 '소득세 누진표'를 기억해 보자. 이를 기준으로 하여 다음과 같은 계산표를 만들어볼 수 있다.

이 표를 이해하게 되면 전체적으로 세금에 대한 개념이 조금은 뚜렷하게 잡힐 것이다. 그러고 나면 내 상황에서는 급여를 어떻게 책정할지 또 배당은 어느 정도 책정할지 판단이 서게 될 것이라 본다.

결론부터 말하자면, 대표님 급여만 받는 단독적 방법보다, 배우자나 자녀들이 소득을 분산해서 가져갈 때 세금이 훨씬 적어진다.

다음의 표에서 나온 세금의 계산은 다음과 같은 몇 가지 가정이 전제되니, 이를 감안해서 보길 바란다.

첫째, 4인 가족이고 가족들 각 25%씩 지분이 분산되어 있다.

둘째, 소득세를 산출하는 데 필요한 공제는 인적공제, 소득공제, 연금보험료 공제만 반영하여 급여만 받는 경우 3천만 원을 공제하고 급여+배당에서는 2천4백5만 원을 공제하였다.

셋째, 대표이사의 배당소득세 계산 시 한계세율 40%이다.

넷째, 기본적으로 대표 재산이 많이 있어서 다른 소득 발생시 상속세율이 50%가 넘는다.

대표의 소득세 vs 배당 세금 비교표

구분	급여만 받는 경우	급여+배당
소득의 구성	급여 2억 원	급여 4천만 원 배당 1억6천만 원(1인당 4천만 원)
소득세 부담액	45,200,000원	1,312,500원
법인세 절세 효과(-)	2억 원×20%=4천만 원	4천만 원×20%=800만 원
배당 소득세(대표)		4천만 원×40%=1,600만 원
배당 소득세 (배우자, 자녀)		1억2천만 원×14%=1,680만 원
상속세 절세 효과(-)		1억2천만 원×50%=6천만 원
	5,200,000원	△33,887,500원

보는 바와 같이 사업체가 가지고 있는 이익금을 가져오는 방법 중에 '배당'이라는 것이 매우 유리하다는 것을 알 수 있다.

다만, 몇 년 전 세법개정으로(2021년 1월 시행) 인해 차등배당(불균등배당)의 변경된 제도 때문에 더 이상 '중간배당'이 안 된다고 오해하는 대표님들이 상당히 많이 있다. 그러나 차등배당(불균등배당)은 중간배당과는 다른 것이기 때문에 지금도 가능한 제도이며, 매우 유리한 방법이라는 것이다.

앞에서 언급한 2021년 1월부터 시행된 차등배당(불균등배당)에 대해 조금만 부연 설명하면 이전과는 다른 점이 한 가지 추가된 것은 맞다. 차등배당은 시행할 시에 '배당소득세'와 '증여세'의 문제가 존재하는데, 과거에는 그 둘을 계산해서 더 높은 세금을 한 가지만 납부하면

되어서 매우 유리했다. 그러나 2021년부터는 소득세와 증여세 두 가지 세금 모두를 과세하고 있다.

그렇다고 해서 무조건적으로 나빠졌다거나 없어진 것은 아니기 때문에 회사나 지분구조 상황에 따라 아직도 차등배당은 유효한 솔루션 중 하나라고 보여진다.

따라서 지금 장에서 이야기하는 중간배당은 회사에서 주주총회 시 해가 바뀌어 신사업을 시작하는 때에 사업초기자금 투입이나 새로운 예산책정 등 여러 가지 이유로 정기배당을 못했다면, 이 중간배당제도를 몰라서 다음 해로 그냥 넘기지 말고 하반기에 중간배당을 실시해 보길 바란다. 일년에 한 번만 배당을 실행하는 것이 아닌 회계기간 중간에 여유가 발생했을 때 배당을 한 번 더 할 수 있는 두 번째 배당인 중간배당제도를 적극적으로 활용하기를 추천한다(물론 정관에 중간배당에 대한 규정 정비가 선행되어야 함).

사례2 포천에서 제조/유통업을 하고 있는 법인사업자 조OO대표님의 사례를 검토해보자.

내용 배당이라고 하는 좋은 제도를 알고 난 후 본인도 배우자와 자녀들을 활용한 배당을 하고 싶어 하였다. 그래서 이에 중간배당을 시행하도록 자문하기 위해 방문을 하였으나, 결과적으로는 배당을 할 수 없는 상황임을 알게 되었다.

여기에는 어떠한 문제가 있었을까?

이 사업체는 지분 100%를 대표님이 보유하고 있는 상태였다. 그렇기 때문에 배우자와 자제들은 지분이 없는 상황이라 현재로서는 배당을 시행할 수 없는 상태라고 안내하자 대표님은 매우 실망하는 기색이었다. 그렇다면 이런 경우 방법은 없을까? 법인을 새로 만들어야 하나?

해법 결론적으로 방법은 얼마든지 있다. '얼마든지'라고 표현하는 이유는 합리적인 세법을 이용하여 대표님에게 추가적인 세금의 부담 없이도 시행 가능한 제도들이 분명히 있기 때문이다. 그 방법은 다음에 있는 표(사전 증여 시 공제한도)를 보면서 이해하면 좋을 듯하다.

사전 증여 시 공제한도(배우자 및 자녀)

수증자	공제금액 (원)
배우자	6억
자녀(성인)	5000만
자녀(미성년자)	2000만
손자녀	5000만
그 외 친족	1000만

위에서 보는 바와 같이 '증여 시 공제한도'를 이용하여 지분(주식)을 양도하는 방법이 있다. 그렇게 되면 주식의 양도에 따른 세금이 면제되기에 진정한 사전증여가 이루어지게 되는 것이니 일거양득이라 할 수 있겠다. 다만, 증여 이후 10년 이내 대

표님의 부재(사망) 상황이 발생하게 되면 증여한 금액을 다시금 상속재산에 합산하여 다시 계산하여 세금을 부과한다는 점은 있으니, 정확한 이해가 필요한 부분이기도 하다.

(*또 다른 이해가 필요한 부분도 있다. '비상장 주식가치'에 대한 것으로서 이 부분은 본 책자의 7장 "우리 회사의 주식이 이렇게 비싸다고? 좋은 건가, 나쁜 건가?"에서 자세히 설명되어 있으니 참고하면 된다.)

한 가지 더 강조할 것은 실제로 이 방법을 시행할 때는 평가된 금액을 기준으로 하여 무상증여의 한도를 정확히 파악하여 진행해야 한다는 것이다.

핵심정리

정기배당 또는 중간배당 등의 '배당'정책은 법인의 이익금을 개인에게 환원시킬 수 있는 매우 좋은 제도 중 하나이다. 다른 제도로는 대표의 급여 인상(소득세 증가/4대 보험료 증가), 퇴직금(중장기적인 시간 필요), 상여금(소득세 증가) 등이 있다.

아래 표를 참고하면 알 수 있듯이 적절히 활용만 한다면 상당히 유리한 회계전략(사전증여를 통한 자산화)이 될 수 있다.

(*자녀가 배당을 통해 사전증여를 받았을 때의 자산예시표(매년 2,000만원씩의 증여가 발생된다고 가정. 세금은 공제하지 않은 기준이며, 복리계산 시)

수익률별 예시표	5년 후	10년 후	20년 후
4%	108,326,451원	240,122,142원	595,561,572원
6%	112,741,859원	263,615,899원	735,711,824원

Chapter 16
우리 회사는 인증이 필요할까? 특허가 필요할까?

> **체크 포인트**
>
> **포인트 1** 인증이나 특허가 필요한지 살펴보자.
> **포인트 2** 사업에 필요한 것들은 대체 무엇일까?

사장님/대표님들이 사업을 진행하다보면 같은 업종 대표님들이나 또는 다른 기업대표님들과의 모임 등 다양한 사회활동에도 참여하게 된다. 그리고 그렇게 모임에 참여하다 보면 사업과 관련한 여러 가지 정보 또한 다양하게 얻게 되는 부수 효과를 얻기도 한다.

"○○제조회사는 벤처인증을 받아서 세금을 몇 천만 원 줄였다더라!"
"□□유통은 특허를 받아서 소득세를 1억 원을 안냈다던데..."
"△△이엔지는 이노비즈를 인증받아 대출을 받았다더라!"

사실 사업을 진행하다보면 이러저러한 이유 등으로 여러 가지 어려움에 봉착할 수밖에 없는 것이 현실이다.

그중에서 특히 세금, 급여, 보험료, 수수료, 임차료 등에 소요되는 자금관리는 사업진행 과정에서 필적으로 부딪히는 사안들이다. 특히 이들 자금관리를 위해서 대출 등 은행과의 거래 또한 반드시 필요하게 된다.

회사 경영에 유용한 인증제도의 활용

이 과정에서 위의 대화에서 나타난 것과 같이 세금을 줄이거나 감면받는 등 세금 우대 혜택을 받는 방법, 또는 저금리로 대출을 받는 등 금융 혜택을 받을 수 있는 방법이 있다면 사업진행에 큰 도움이 될 것은 자명하다. 이처럼 사업진행 과정에서 다양한 혜택을 누릴 수 있게 해주는 것이 인증이나 특허 등을 취득하는 것이다.

인증이나 특허 등의 인증제도는 벤처인증/특허/이노비즈 외에도, 메인비즈/ISO 9001, 14001/소부장(소재, 부품, 장비)인증/연구소 설립/뿌리기업/여성기업/청년기업 등 많은 인증제도가 마련되어 있다. 사장님/대표님들이 꼭 고려해야 할 유용한 제도들이다.

경영인증에 관련된 것들 중에서 특히 중요한 것들로는 '벤처기업', '이노비즈', '메인비즈', '기업부설연구소' 등이 있다.

이하에서는 각 종류별 인증에 대한 취득방법과 자격, 그리고 장점 및 혜택, 그리고 주의할 점은 어떤 것이 있는지 하나씩 알아보도록 하겠다.

1. 인증 등의 종류는 어떻게 받을 수 있는 것이며, 자격조건은?

2. 인증을 취득하면 어떤 점이 좋은 것인지?

3. 악용되면 안 될 사례 및 주의할 점은 어떤 것들이 있는가?

벤처기업

벤처기업의 확인 요건

확인 유형	확인요건(각 항목 모두 충족)	전문평가 기관	법적 근거
벤처 투자 유형	1. 투자금의 총 합계가 5천만 원 이상일 것 2. 기업의 자본금 중 투자금액의 합계가 차지하는 비율이 10% 이상일 것 적격투자기관 범위 중소기업창업투자회사, 한국벤처투자, 벤처투자조합, 농식품투자조합*, 신기술사업금융업자, 신기술사업투자조합, 창업기획자(엑셀레이터)*, 개인투자조합, 전문개인투자자(전문엔젤), 크라우드펀딩*, 한국산업은행, 일반은행, 기술보증기금*, 신용보증기금*, 신기술창업전문회사*, 공공연구기관첨단기술지주회사*, 산학협력기술지주회사*, 경영참여형 사모집합투자회사, 외국투자회사 - *표시 기관은 법 시행일(21.2.12) 이후 투자유치 건(입금일 기준)에 한하여 인정 - 해당 기업이 「문화산업진흥기본법」 제2조 제12호에 따른 제작자 중 법인이면 자본금의 7% 이상	한국벤처캐피탈협회	「벤처기업육성에 관한 특별조치법」 제2조의 2(벤처기업의 요건) ①항의 2호의 가목
연구 개발 유형	1. 「기초연구진흥 및 기술개발지원에 관한 법률」 제14조의 2 제1항에 따라 인정받은 기업부설창작연구소 또는 기업창작전담부서 중 1개 이상 보유 2. 벤처기업확인요청일이 속하는 분기의 직전 4분기 기업의 연간 연구개발비가 5천만 원 이상이고, 연간 총매출액에 대한연구개발비의 합계가 차지하는 비율이 5% 이상 3. 연간 총매출액에 대한 연구개발비의 합계가 차지하는 비율에 관한 기준은 창업 후 3년이 지나지 아니한 기업에 대하여는 미적용 4. 벤처기업확인기관으로부터 사업의 성장성이 우수한 것으로 평가 받은 기업	신용보증기금/중소벤처기업진흥공단	「벤처기업육성에 관한 특별조치법」 제2조의 2(벤처기업의 요건) ①항의 2호의 나목

혁신 성장 유형	1. 벤처기업확인기관으로부터 기술의 혁신성과 사업의 성장성이 우수한 것으로 평가 받은 기업	기술보증기금/ 농업기술실용화 재단/연구개발 특구진흥재단/ 한국과학기술정 보연구원/한국 발명진흥회/한 국생명공학연구 원/한국생산기 술연구원	「벤처기업 육성에 관한 특별조치법」 제2조의 2(벤처기업의 요건) ① 항의 2호의 다목
예비 벤처 기업	1. 법인설립 또는 사업자등록을 준비 중인 자 2. 벤처기업 확인기관으로부터 기술의 혁신성과 사업의 성장성이 우수한 것으로 평가받은 기업	기술보증기금	「벤처기업 육성에 관한 특별조치법」 제2조의 2(벤처기업의 요건) ① 항의 2호의 다목

벤처기업의 혜택

구분	지원내용	관련법규
세제	법인세·소득세 최초 벤처확인일부터 5년간 50% 감면	「조세특례제한법」 제6조제2항
	취득세 75% 감면 재산세 최초 벤처확인일부터 3년간 면제, 이후 2년간 50% 감면	「지방세특례제한법」 제58조의3(창업중소기업 등에 대한 감면)②항
금융	기술보증기금 보증한도 확대 • 일반 30억 원→벤처50억 원, 벤처기업에 대한 이행보증과 전자상거래 담보보증 70억 원	기술보증기금 내부 규정

	코스닥 상장 심사기준 우대 • 자기자본: 30억 원→15억 원 • 법인세 비용차감 전 계속사업이익:20억 원→10억 원 이상 • 기준 시가총액 90억 원 이상이면서 법인세 비용차감 전 계속사업이익 20억 원→10억 원 이상 • 법인세 비용차감 전 계속사업이익이 있고 기준 시가총액 200억 원 이상이면서 매출액 100억 원→50억 원 이상 • 기준 시가총액 300억 원 이상이면서 매출액 100억 원→50억 원 이상	코스닥 시장 상장 규정
입지	벤처기업육성촉진지구 내 벤처기업에 취득세·재산세 37.5% 경감	「지방세특례제한법」제58조(벤처기업 등에 대한 과세특례)④항
	수도권과밀억제권역 내 벤처기업집적시설 또는 사업기술단지에 입주한 벤처기업에 취득세(2배)·등록면허세(3배)·재산세(5배) 중과 적용 면제	「지방세특례제한법」제58조(벤처기업 등에 대한 과세특례)②항
M&A	대기업이 벤처기업을 인수·합병하는 경우 상호출자제한기업집단으로의 계열편입을 7년간 유예	「독점규제 및 공정거래에 관한 법률」시행령 제3조의2(기업집단으로부터의 제외)②항
인력	기업부설연구소 또는 연구개발전담부서의 인정기준 완화 • 벤처기업 2명 이상의 연구전담요원 요건 충족시 기업부설연구소 인정 가능	「기초연구진흥 및 기술개발지원에 관한 법률」시행령 제16조의 2(기업부설연구소 또는 연구개발전담부서의 인정기준)①항
	기업부설창작연구소 인력기준 완화 • 일반 10명, 중소기업 5명 이상→벤처기업 3명 이상	「문화산업진흥기본법」시행령 제26조(기업부설창작연구소 등의 인력·시설 등의 기준)①항

	스톡옵션 부여 대상 확대 • 임직원→기술·경영 능력을 갖춘 외부인, 대학, 연구기관, 벤처기업이 주식의 30% 이상 인수한 기업의 임직원	「벤처기업육성에 관한 특별조치법」 시행령 제11조의3(주식매수선택권의 부여방법 등)①항
	총 주식 수 대비 스톡옵션 부여 한도 확대 • 일반기업 10%, 상장법인 15%, 벤처기업 50%	「벤처기업육성에 관한 특별조치법」 시행령 제11조의3(주식매수선택권의 부여방법 등)②항
	산업기능요원 제도 종업원 수 완화 • 일반기업 종업원 수 10명 이상 조건, 벤처기업의 경우 5명 이상	「병역법」
광고	TV·라디오 광고비 3년간 최대 70% 할인, 정상가 기준 35억 원(105억/3년) 한도 • 대상: 한국방송광고진흥공사에서 자체 규정에 따라 별도 선정	한국방송광고진흥공사 내부규정

● 이노비즈(Inno-Biz)

이노비즈란?

기술혁신형중소기업을 '이노비즈'라 하며, 중소기업으로 「중소기업기술혁신촉진법」에 의거 중소벤처기업부장관이 선정한 기술혁신형중소기업(Inno-Biz)을 말한다. Innovation(혁신)과 Business(기업)의 합성어로 기술을 바탕으로 경쟁력을 확보하고, 기업 업력이 3년 이상인 중소기업을 말한다. 이노비즈 '평가기관'은 이노비즈 선정을 위하여 현장평가를 실시하는 기관으로서 '기술보증기금'을 말한다. 이노비즈 '관리기관'은 이노비즈 평가지표 개발, 제도개선, 이노비즈넷 관리 · 운영, 현장평가 관리업무 관리 등을 담당하며, 중소벤처기업부장관이 지정하는 기관으로서 '(사)중소기업기술혁신협회'를 말한다.

이노비즈 신청대상

- 공통사항 : 중소기업 중 업력이 3년 이상인 기업
- 다음 각 호의 어느 하나에 해당하는 기업
  ㉠ 제조업
  ㉡ 건설업
  ㉢ 농업
  ㉣ 비제조업(제조업, 건설업, 농업을 제외한 기타 업종)
  ㉤ 소프트웨어업
  ㉥ 바이오업(생명체가 가지는 기능과 정보를 생명공학기술을 이용하여 인류에게 필요한 유용물질과 서비스를 제공하는 산업으로 「바이오산업 및 환경산업 해당 산업분류표」중 환경산업 적용가능 업종 및 기술분야에 해당할 것
  ㉦ 전문디자인업

이노비즈 신청 제한 기업

㉠ 연체, 국세체납 등으로 인하여 체납정보 등이 등록 중인 기업
㉡ 어음교환소로부터 거래정치 처분을 받은 기업
㉢ 파산, 회생절차 개시, 개인회생절차 개시 신청이 있거나 청산에 들어간 기업(단, 회생의 경우 법원의 회생인가결정을 받은 후 회생계획 또는 변제계획을 정상적으로 이행하고 있는 기업은 예외)
㉣ 이노비즈 대상에서 제외되는 업종

이노비즈(기술혁신형 중소기업)의 지원혜택

구분		주요지원내용	근거 / 주관
금융 / 세제	대도시(수도권) 법인 중과세의 예외	• 기술혁신형 중소기업으로 선정된 기업이 경영하는 사업의 경우 취득세 중과 면제 * 수도권 취득세 중과 제도	지방세법 시행령 제26조1항 34호 / 국세청
	정기 세무조사 유예	• 혁신형중소기업, 벤처기업으로 지정된 스타트업의 기업은 일정기간 세무조사를 유예, 유예기간은 정기 세무조사 4년+수도권 2년, 지방 3년으로 최대 7년 가능	국세청 세무조사 운영방침 / 국세청
	금융지원 협약보증	• 기술평가보증시 보증비율 최대 100% 전액 보증 * 협약은행: 기업, 산업, 농협, 우리, 외환, 하나, 국민, 신한, SC, 씨티, 대구, 경남, 부산, 전북은행	기술보증기금
	기술보증 우대지원	• 이노비즈 기업 보증한도 50억 원(일반기업의 경우 30억 원) * 이행보증 및 전자상거래보증의 경우 70억원	기술보증기금
	보증지원	• 보증한도 우대: 최고 30억 원 확대(신용등급별 차등적용 · 보증요율 우대)	서울보증보험
	매출채권 보험	• 보험료 15% 할인, 인수비율 85%	신용보증기금
	코스닥 상장 지원	• 코스닥 상장 요건 완화 * 경영성과 및 이익규모 기준 하향 적용(자기자본, 매출 등)	금융위원회
	무역보증 지원	• 무역보증보험료 20% 할인 • 이용한도 최대 1.5배 우대	무역보험공사
	신시장진출 지원금	• 우수기술의 제품화, 산업화 촉진 및 수출품 생산비용 지원 • 개발기술사업화자금 분야(지원대상)	중소벤처기업부/중소기업진흥공단
인력	병역특례	• 산업기능요원 추천심사 시 가점 부여	산업기능요원 제도

R&D	중소기업 기술혁신 개발사업	• 기술혁신형 중소기업의 미래 성장유망 기술개발을 지원 • 혁신형기업기술개발 * 벤처기업 또는 기술혁신형 중소기업(이노비즈) 인증기업 신청자격 대상	중소벤처기업부
	제품서비스 기술개발 사업	• 중소제조업 및 서비스업의 신성장동력 창출, 생산성 향상 등 경쟁력 강화를 위해 제품서비스화, 신규서비스창출 분야 기술개발을 지원 * 제품서비스화 분야:서비스 융합 대상제품을 생산하는 중소기업 중 벤처기업 또는 이노비즈 인증 기업 신청자격대상	중소벤처기업부
	중소기업 네트워크형 기술개발 사업	• 중소기업간 네트워크 협력의 시너지 효과 창출이 가능한 품목 내에서 자유롭게 제안한 아이디어에 대해 사전 기획을 지원받아 도출된 우수 과제를 선정·지원 * 이노비즈 기업, 벤처기업, 기업부설연구소 보유 기업 중 어느 하나에 해당하는 기업 신청자격 대상	중소벤처기업부
	생산현장 디지털 사업	• 기 구축 스마트공장의 활용도 및 보급수준 향상을 위한 고도화 지원 * 기술혁신형 중소기업(이노비즈) 인증기업 가점 2점 부여	중소벤처기업부
판로/수출	물품구매 적격심사	• 이노비즈 기업 적격심사 신인도 심사 혁신형기업 가점 2점, 혁신형기업이면서 제조기업 가점 2.5점 부여	조달청
	해외규격 인증획득 지원	• 수출여건을 갖추고도 해외정보 및 전문인력 부족으로 수출대상국에서 요구하는 해외규격인증을 획득하지 못한 중소기업을 대상으로 인증 획득 소요비용의 일부(50% 또는 70%)를 지원 * 이노비즈 기업 가점 4점 부여	중소기업수출 지원센터
	혁신형 중소기업방송 광고 지원	• 광고비(TV, 라디오, DMB) 최대 70% 할인 * 이노비즈 기업 신청자격 대상	한국방송광고진흥공사

메인비즈(Main-Biz)

메인비즈란?

경영혁신형중소기업을 '메인비즈'라 하며, 중소기업으로 「중소기업 기술혁신 촉진법」에 의거 중소벤처기업부장관이 선정한 경영혁신형 중소기업(Main-Biz)을 말하며, Management(경영), Innovation(혁신), Business(기업)의 합성어이다. '경영혁신'이란 기업의 경쟁력을 높이기 위하여 업무수행 방식, 조직구조 및 영업활동 등에서 새로운 경영기법을 개발하거나 경영기법의 중요한 부분을 개선하는 것을 말하며, 경영혁신활동을 통하여 경쟁력의 확보가 가능하거나 미래 성장가능성이 있는 중소기업을 발굴·육성하기 위한 제도이다.

메인비즈 신청 대상

● 공통사항 : 중소기업 중 업력이 3년 이상인 기업

메인비즈 신청 제한 기업

㉠ 연체, 국세체납 등으로 인하여 체납정보 등이 등록 중인 기업
㉡ 어음교환소로부터 거래정지 처분을 받은 기업
㉢ 파산, 회생절차 개시, 개인회생절차 개시 신청이 있거나 청산에 들어간 기업(단, 회생의 경우 법원의 회생인가결정을 받은 후 회생계획 또는 변제계획을 정상적으로 이행하고 있는 기업은 예외)
㉣ 전년도 재무상태표 기준 부채비율이 1,000% 이상인 기업
㉤ 전년도 재무상태표 기준 완전자본잠식 상태에 있는 기업
㉥ 게임, 도박, 사행성, 불건전 소비업종에 해당하는 기업

메인비즈 인증 기업 지원혜택

구분		주요지원내용	근거 / 주관
금융 / 세제	정기 세무조사 유예	• 혁신형중소기업, 벤처기업으로 지정된 스타트업의 기업의 일정기간 세무조사를 유예, 유예기간은 정기 세무조사 4년+수도권 2년, 지방 3년으로 최대 7년 유예 가능	국세청 세무조사 운영방침/국세청

	금리우대	• 한국은행 : 중소기업 지원자금 대상(혁신기업에 포함) • NH농협 : 대출금리 최대 1.65% 할인 • 신한금융투자 : 기업공개 및 코넥스 상장 컨설팅, 자금조달 컨설팅 등	한국은행 각 지역 본부/농협/신한금융투자
	정책자금	• 신성장기반자금 중 시설자금 : 메인비즈 기업 대출한도 최대로 지원 • 메인비즈 기업은 최대 70억 원(일반기업 45억 원) • 정책자금 융자를 위한 기업평가 시 우대	중소기업진흥공단
	보증우대	• 보증한도 확대(지점장 전결 보증한더 신용등급별로 차등 확대) • 이행보증보험 요율 10% 할인	서울보증보험
	대출채권보험	• 신보 매출채권 보험 청약 시 보험료 15% 할인, 한도 85%	신용보증기금
	무역보증지원	• 무역보증보험료 기본요율의 20% 할인 • 한도책정 우대	한국무역보험공사
인력	병역특례	• 산업기능요원 추천심사 시 가점 부여	산업기능요원제도
	일학습병행제	• 혁신형중소기업은 상시 근로자 5인 이상으로 인적 요건 완화	한국산업인력공단
R&D	도시주택기술·제품 개발 사업	• 도시주책건설 관련 기술 또는 제품 개발을 지원하고 중소기업의 기술혁신 촉진 • 메인비즈 인증 기업 가점 1점 부여	한국토지주택공사
	생산현장디지털 사업	• 기 구축 스마트공장의 활용도 및 보급수준 향상을 위한 고도화 지원 * 경영혁신형 중소기업(메인비즈 인증 기업) 가점 2점 부여	중소벤처기업부
판로/수출	나라장터물품구매적격심사	• 입찰 추정가격 10억 원 이상인 경우 : 적격심사 신인도 심사 혁신형기업 가점 2점, 혁신형기업이면서 제조기업 가점 2.5점 부여 • 입찰 추정가격 10억 원 미만인 경우 : 가점 2점 부여	조달청

글로벌 강소기업 육성 사업	• 신청기준 완화 *메인비즈 기업의 경우 직접 수출액 100만 달러 이상이면 신청 가능	중소기업수출지원센터
혁신형 중소기업 방송 광고 지원	• 광고비(TV, 라디오, DMB) 최대 70% 할인 * 이노비즈 기업 신청자격 대상	한국방송광고진흥공사

기업부설연구소 지원제도

기업부설연구소 지원제도란?

기업의 연구개발 역량을 높이려는 목적으로 일정 요건을 갖춘 연구소 또는 기업부설연구소의 설립을 인정하고 지원해 주는 제도
설립이 인정된다면 중소기업은 정부로부터 세액공제와 금융 지원, 인력 지원 등의 혜택을 받을 수 있고 국가연구 개발사업의 참여 지원, 기술신용보증특례제도 자금 지원, 중소기업 판정 시 특별조치 등 지원을 받을 수 있다. 또 고용 지원 사업 목적으로 미취업 청년을 고용하는 경우에는 인건비의 절반을 지원받을 수 있고, 기술 개발 연구원에게 병역 특례를 적용할 수 있는 등 추가 인력 고용을 위한 비용을 절감할 수 있다.

기업부설연구소 설립으로 인한 혜택

㉠ 미취업 청년 고용 시 인건비의 50% 지원
㉡ 연구 목적의 물품 수입 시 80% 관세 감면
㉢ 2억 원의 연구비 지원 ㉣ 국가사업에 참여할 수 있는 기회 제공
㉤ 연구개발 세액공제는 최저한세 적용 예외
㉥ 외국인 기술자 소득세 감면
㉦ 연구개발 관련 출연금 등 과세특례
㉧ 연구개발특구 첨단 기술기업 등 법인세 감면
㉨ 연구원 연구활동비 소득세 비과세
㉩ 기술이전 및 대여 등에 관한 과세특례
㉪ 기업부설연구소용 부동산 지방세 감면
㉫ 통합 투자세액 공제
㉬ 연구·인력 개발비 세액 공제

● ISO 9001*

ISO 소개

ISO 명칭은 International Organization for Standardization(국제표준화기구)의 약칭이다. ISO는 비정부기구로서 스위스 제네바에 설립된 사단법인으로, 설립목적은 상품 및 용역(서비스)의 국제적 교환을 촉진하고, 학문적, 기술적, 경제적 활동 분야에서의 국제표준화 및 관련 활동의 발전을 촉진하기 위해 만들어졌다.

ISO는 창립을 위하여 1946년 10월 24일 25개국이 영국 런던에서 회의를 개최하고, 임시총회를 거쳐, 1947년 2월 23일 공식 출범하고 운영을 시작하였다. 현재 162개국의 회원사와 785개 기술위원회 및 소위원회로 구성되어 있다.

ISO 9001(품질경영시스템)

품질경영시스템이란(Quality Management System, QMS)이란 최고경영자가 중심이 되어서 고객요구사항 및 고객만족, 품질확보를 통해 기획, 설계, 구매, 생산, 납품, 서비스 등 경영활동 전반에 걸쳐 모든 조직 구성원이 참여하는 전사적 경영관리시스템이다. 국가별, 산업별로 다르게 정해져 있는 품질시스템 요구사항을 ISO 국제표준화기구에서 국제적 통상활동을 원활히 하기 위해 1987년도에 제정된 품질경영에 관한 국제표준규격이다. 1994년 1차 개정, 2000년 2차 개정, 2008년 3차 개정, 2015년 4차 개정이 되었다. ISO 9001은 품질에 영향을 주는 프로세스를 표준화하고, 문서화된 정보를 요구한다. ISO 9001 인증은 제품 및 용역(서비스)에 대한 품질 인증이 아니며, 제품 및 용역을 생산하고, 제공하는 데 있어서 품질경영시스템을 평가하여 인증하는 제도이다.

ISO 9001 품질경영원칙

㉠ 고객중시
㉡ 리더십
㉢ 인원의 적극 참여
㉣ 프로세스 접근법
㉤ 개선
㉥ 증거기반 의사결정
㉦ 관계관리 / 관계경영

---

* ISO 14001 / ISO 22000 / ISO 45001 / KS표시 인증 / HACCP 등도 있다.

품질경영시스템 도입 기대효과

㉠ 기업의 표준화 시스템 구축
㉡ 기업의 프로세스 체계구축
㉢ 경영목표 수립체계 구축
㉣ 성과관리 수립 및 달성목표체계 구축
㉤ 고객만족 체계 구축
㉥ 국제기준에 적합한 품질경영시스템의 정비와 경영수법의 확립
㉦ 품질메뉴얼 기타 표준화 문서화된 정보에 의한 지속적 개선
㉧ 기업 내의 불합리한 사항의 제거
㉨ 수출의 용이
㉩ 조달청 입찰 참가 시 신인도 평가 우대
㉪ 제품의 품질 향상과 불필요한 사항의 제거로 수익 증대

ISO 9001 인증혜택

㉠ 조달청 입찰 참여 시 경쟁력 확보
㉡ 기업 신용 및 금융기관 평가 시 가점
㉢ 소방시설공사 시공능력 평가의 신청 시 필요
㉣ 신기술 인증의 기준
㉤ 신제품 인증의 기준
㉥ 이노비즈 평가 시 가점
㉦ 벤처기업 평가 시 가점

부품소재전문기업(소재/부품전문기업)

부품소재전문기업(소재·부품전문기업)이란?

'부품소재전문기업'이라 함은 소재·부품 또는 그 생산설비의 제조를 주된 사업으로 영위하는 기업을 전문기업으로 추천·확인하는 제도로서 관련 법률은 「소재·부품전문기업 등의 육성에 관한 특별조치법」에 근거하며, 산업통상자원부장관에게 신청한다.

부품소재전문기업 요건

㉠ 상품의 제조에 사용되는 원재료 또는 중간생산물 중 대통령령으로 정하는 업종(소재부품의 범위 확인)
㉡ 소재·부품을 제조·조립·가공하는 설비 중 대통령령으로 정하는 업종
㉢ 총매출액 중 소재·부품 또는 그 생산설비의 매출액이 차지하는 비중이 50% 이상인 기업
㉣ 상호출자제한기업집단에 속하지 아니하거나 상호출자제한기업집단 중 소재·부품 또는 그 생산설비의 총매출액 중 자기 계열회사에 대한 매출액 비중이 50% 미만인 기업

부품소재전문기업 우대혜택

구분	지원 내용 및 우대 사항	관련 기관 및 사이트
인력 지원	산업기능요원제도(병역지정업체) 신청 시 가점 부여	중소벤처기업부/ 중소기업인력지원사업종합관리시스템
사업화 및 경영 지원	한국은행 금융중개지원대출 제도 지방중소기업지원 프로그램 : 지방중소기업지원 프로그램은 지역간 균형발전을 도모할 목적으로 은행의 지방중소기업에 대한 대출 실적과 지역별 경제사정 등을 감안하여 한국은행 지역본부 별로 한도를 배정한다. 지방중소기	한국은행(각 지역본부)금융중개 지원 대출 제도

	업 지원 프로그램은 전략지원 한도와 특별지원 한도, 일반지원 한도로 구분·운용하고 있다.	
기술개발 지원사업	소재부품기술개발사업 : 소재 특성을 고려하여 장기간에 걸친 지속적인 투자로 기술개발을 지원하고, 세계 일류 강소기업 육성을 위해 고부가가치화 및 글로벌 소싱이 가능한 핵심 소재·부품 개발 지원 * 신청시 가점 2점 부여 소재부품글로벌투자연계기술개발사업 : 신산업분야 기술개발 비용과 시간을 단축하고 조기에 글로벌 시장에 진출할 수 있도록 핵심기술 보유기업 발굴 및 사업화 기술개발 지원 * 신청 시 가점 2점 부여	산업통상자원부 한국산업기술평가관리원
기타	소재부품기술상 우대 부여	한국산업기술진흥원

● 뿌리기술전문기업*

뿌리기술전문기업이란?

뿌리기술의 개발과 확산을 촉진하기 위하여 국가적으로 중요한 뿌리기술을 핵심 뿌리기술로 지정하고, 아래 지정 요건을 갖춘 기업을 뿌리기술전문기업으로 지정하고 기술개발·자금·인력 지원을 통해 글로벌 경쟁력을 갖춘 기술선도기업으로 육성하고자 하는 지정 제도이다. 관련 법률은 「뿌리산업 진흥과 첨단화에 관한 법률」제14조, 제15조에 근거한다.

뿌리기술전문기업 신청자격

뿌리기술전문기업으로 지정을 받고자 하는 신청기업은 아래 요건을 모두 갖추어야 한다.
㉠ 핵심 뿌리기술을 보유한 기업
㉡ 기업의 총매출액 중 뿌리기술을 이용하여 제조한 제품의 매출액 비중이 50% 이상인 기업
㉢ 상호출자제한기업집단에 속하지 아니하는 기업

뿌리기술전문기업 지원혜택

구분	사업명	우대사항
기술개발 지원사업	뿌리기업 공정기술개발 지원사업	전문기업 전용
	글로벌 강소기업 육성 사업	사업선정 평가 시 가점(1점) 부여
	중소기업 기술혁신개발사업	사업선정 평가 시 가점(1점) 부여

* 관련 용어 정리
1. 뿌리기술 : 주조, 금형, 소성가공, 용접, 표면처리, 열처리 등 제조업 전반에 걸쳐 활용되는 공정기술로서 대통령령으로 정하는 기술
2. 뿌리산업 : 뿌리기술을 활용하여 사업을 영위하는 업종이거나 뿌리기술에 활용되는 장비 제조업으로서 대통령령으로 정하는 업종
3. 뿌리기업 : 뿌리산업을 영위하는 기업으로서 아래 어느 하나에 해당하는 기업
  - 「중소기업기본법」제2조에 따른 중소기업
  - 「중견기업 성장촉진 및 경쟁력 강화에 관한 특별법」제2조제1호에 따른 중견기업

	제품서비스 기술개발사업	사업선정 평가 시 가점(1점) 부여
	구매조건부 신제품 개발사업	사업선정 평가 시 가점(1점) 부여
	구매조건부 신제품 개발사업 (민관공동투자)	사업선정 평가 시 가점(1점) 부여
	창업성장 기술개발	사업선정 평가 시 가점(1점) 부여
	중소·중견기업 기술경쟁력 강화 파트너십 사업	사업선정 평가 시 우대
애로기술 지원사업	뿌리기업·수요기업 기술협력 지원	사업선정 평가 시 가점(3점) 부여
공정혁신 지원사업	뿌리기업 자동화·첨단화 지원 사업	사업선정 평가 시 가점(3점) 부여
정책자금 및 금융지원사업	수출신용보증(선적전)	책정가능한도 우대 적용
	중소기업 정책자금	잔액기준 및 대출액 한도 예외 적용
인력공급 양성사업	산업기능요원 제도	사업선정 평가 시 가점(5점) 부여
	중소기업형 계약학과 사업	뿌리기업 재직자 우선 선발
기타 지원사업	뿌리기업 평가	사업선정 평가 시 가점(3점) 부여
	관세청 관세행정 지원제도	관세조사 유예(1년)
	맞춤형 실무교육	전문기업 전용

● 병역특례업체

병역특례업체란?

병역특례제도는 대체복무제도를 말한다. 사회복무요원, 예술체육요원, 승선근무예비역, 특수병과 사관 후보생, 공중보건 의사 등, 전문연구요원, 산업기능요원제도가 있다. 중소기업에 필요한 제도는 산업기능요원, 전문연구요원 제도로서 병역자원 일부를 군 필요인원 충원에 지장이 없는 범위 내에서 국가산업의 육성·발전과 경쟁력 제고를 위하여 병무청장이 선정한 병역지정업체에서 제조·생산 또는 연구인력으로 활용하도록 하는 제도
- 산업기능요원 : 산업체에서 제조 및 생산분야 종사
- 전문연구요원 : 연구기관에서 과학기술 연구 및 학문분야 종사

병역특례업체(병역지정업체) 선정

병무청장은 연구기관·기간산업체 중에서 전문연구요원이나 산업기능요원이 복무할 병역지정업체를 선정
매년 1회 6월에 신청을 하며, 당해연도 11월에 병역지정업체를 선정하고, 12월에 현역병에 대한 TO를 배정한다.

핵심정리

구체적으로 계획을 세우고! & 필요한 지원제도를 찾아보자.

1. 지자체에서 주는 무상지원 자금
2. 사업상 필요한 대출자금
3. 기술개발 등에 필요한 지원 자금
4. 입찰이나 조달 등의 사업계획

그렇다면, 나에게 필요한 기본자격(인증)이 무엇인지 알 수 있을 것이다.

가을의 경영

결산의 계절 – 1년의 마무리

연간 세무 일정

　우리나라 세무일정은 크게 매월, 반기별, 분기별, 연간으로 구분해서 살펴 볼 수 있다.

　먼저 월별로 살펴보게 되면, 매달 10일은 원천징수세액 신고납부기한이며, 일용근로자의 매월 지급분에 대한 지급명세서에 대해서는 다음 달 말일까지 제출해야 한다. 또한 프리랜서의 사업소득에 대한 간이지급명세서는 매월 지급분에 대하여 그 다음 달 말일까지 제출하게 되어 있다.

　다음으로 반기별로 살펴보게 되면, 근로소득 상반기 지급분을 합친 간이지급명세서는 7월 말일까지, 하반기 지급분을 합친 간이지급명세서는 이듬 해 1월 말일까지 제출해야 한다. 그리고 이와 별도로 1년분(1.1~12.31) 근로소득에 대한 연말정산 지급분에 대해서는 3월 10일까지 지급명세서를 제출해야 한다.

　개인(일반과세자)사업자의 경우 1기(1.1~6.30)에 대한 확정신고는 7월 25일까지, 2기(7.1~12.31)에 대한 확정신고는 이듬해 1월 25일까지 신고하도록 하고 있다.

　연간 세무일정을 살펴보면, 앞에서 언급한 개인(간이과세자)사업자의 부가가치세 신고납부는 1월 25일에 한 번 있다. 그리고 면세 개인사업자는 2월 10일에 사업장 현황 신고가 있다.

　법인사업자의 경우에는 임의로 회계연도를 정할 수 있다. 사업연도 종료일로부터 3개월 이내에 신고납부기한을 규정하고 있어서 우리나라 대다수의 법인은 12월 말을 사업연도 종료일로 하는 경우가 많아 대부분의 법인이 3월 말이 법인세 신고납부기한이다.

　개인사업자의 경우에는 5월 말이 확정신고 납부기한인데, 성실신고 대상자는 6월 말까지 신고납부하면 된다.

　위에서 정해진 날이 공휴일이나 휴일로 지정이 되는 경우에는 다음과 같은 규정이 적용된다. 즉 「국세기본법」 제5조(기한의특례) 규정에 따라 신고 · 납부 기한일이 공휴일 · 토요일 또는 근로자의 날에 해당하는 때에는 공휴일 · 토요일 또는 근로자의 날의 다음 날이 기한일이 된다.

연간 세무 일정표

월	업 무	월	업 무
1월	- 부가세 확정신고 1/25 - 하반기 근로간이지급명세서 제출 1/25	7월	- 부가세 확정신고 7/25 - 상반기 근로간이지급명세서 제출 7/25 - 국민연금 변경
2월	- 연말정산, 사업장현황 신고 (면세) 2/10	8월	- 법인세 중간예납
3월	- 건강보험 보수총액신고 3/10 - 고용산재 보수총액신고 3/15 - 법인세 신고 3/31	9월	
4월	- 부가세 예정신고 4/25 - 근로자 건강보험료 연말정산 적용	10월	- 부가세 예정신고
5월	- 종합소득세 신고 5/31 - (개인사업자)국민연금, 건강보험 보수 총액신고 5/31	11월	- 종합소득세 중간예납
6월	- 종합소득세(성실) 신고 6/30 - (성실)국민연금, 건강보험 보수 총액 신고 6/30 - (개인사업자)건강보험료 연말정산 적용	12월	- 종합부동산세 납부신고 12/15

가을(10월~12월)의 주요 세무일정

- 10월에는 25일에 부가가치세 예정신고 납부기한이 있다.
- 11월에는 말일에 3월 말 결산법인의 법인세 중간예납과 종합소득세 중간예납 기한이 있으며,
- 12월에는 첫날부터 15일까지 종합부동산세 납부신고기한이다.

Chapter 17
매번 세법은 바뀌는데*, 개인이 유리할까? 법인이 유리할까?

체크 포인트

포인트 1 개인사업자의 법인사업자 전환의 장점은 무엇인가?

포인트 2 법인사업자의 개인사업자 추가는 득일까? 실일까?

* 매년 바뀌는 세법의 점검이 왜 중요한지에 대해서는 14장 '내년도에 대한 대비를 지금부터 해야 한다고요?'를 참고하면 이해도가 높아질 수 있을 것이다.

Part 4 가을의 경영

개인사업자로 사업을 영위하고 있는 사장님들이 항상 고민하는 내용이 있다.

"법인 사업자로 바꾸어야 한다고 하는데, 바꾸는 게 좋은가?"

법인사업자를 운영하는 대표님들은 또 다른 고민을 한다.
"개인사업자를 하나 더 만들어야 하나?"

이번 단락에서는 '개인사업자 vs 법인사업자'의 정확한 이해를 통해서, "개인사업자들은 법인사업자로 전환을 해야 하는 것인지"와 "법인사업자들이 고민하는 개인사업자 추가" 등 사업자들이 고민하는 두 가지에 대해 구체적으로 살펴보기로 한다.

매출증대에 따른 '성실신고' 제도에 따른 고민

먼저 개인사업자들은 어떤 경우 '성실신고 대상자'가 되는지 알아보자.

개인사업자들이 '성실신고 대상자'가 되는 이유는 바로 매출에 있다.

다음의 표는 업종/업태별 성실신고 대상자 여부를 판단하는 기준 매출액이다. 사장님들이 운영하는 업종에 따라 차이가 있지만 매출액이 일정 기준 이상이 되면, '성실신고 대상자'가 되는 것이다. 그렇게 되면 어떠한 점이 달라지는지 유심히 들여다 볼 필요가 있다.

성실신고 업종별 매출액표

업종	개정 전	개정 후	
농업, 도소매업 등	20억 이상	18~19년	15억 이상
제조업, 숙박 및 음식업 등	10억 이상	18~19년	7.5억 이상
부동산임대업, 서비스업 등	5억 이상	18~19년	5억 이상

개인사업자와의 웃픈 통화내역

일 전에 웃지 못 할 사례가 있었다. 필자가 자문을 하고 있는 한 사업체의 개인사업자 사장님에게서 전화가 왔다.

"김대표님! 나 성실신고 대상자가 되었어. 껄껄껄~ 내가 세금을 잘 내긴 했나 봐요. 조만간, 연애인들처럼 상패도 주는 거 아닌가?"

필자가 이렇게 답변을 했다.

"사장님! 그거요... 이번부터 가공경비 등 넣어서 신고하거나, 현금매출 누락했다고 의심되면 강력하게 세무조사 하겠다는 경고장입니다."

이것을 이해하기 위해서는 우선 사업소득에 대해서 먼저 정확하게 이해하는 것이 필요하다.

절세를 위한 게임의 룰(소득세 과세체계)

이익 / 비용 → 매출 − 비용 = 이익 × 소득세율 = 소득세

(매출: 현금할인, 체명계좌)
(비용: 가짜 세금계산서, 가족지원)

이렇듯, 개인사업자 사장님들이 세금을 적게 내려면 최종적으로 '이익'이 적으면 된다. 그러려면 당연히 '매출'이 적거나, '비용'이 많아야 한다.

이때 유혹에 빠지기 쉬운 불법적인 방법 두 가지가 있을 수 있는데, 첫 번째는 현금으로 받은 매출을 신고하지 않고 숨기는 것이다.

필자는 항상 편법 NO! 불법 NO!라고 강력하게 주장하는 입장이다. 매출 누락 시에 안전하다고 생각들을 할 수도 있지만, 이는 잠시 후 법인사업자들의 고민에서 자세히 설명하겠지만, 결론부터 말씀드리면 절대 불가능하다고 생각해야 한다. 숨길 수 있는 방법은 어디에도 없다는 것이 결론이다.

두 번째는 비용을 새로 만들거나 늘리는 경우이다. 이 경우 현실적으로 불가능한 이유를 명백하게 설명할 수 있다. 현행제도상 기장을 맡아 주는 세무사들이 비용에 대한 신고를 대신 해주고 있다.

이때 세무사가 기장해주고 있는 사장님들이 '성실신고대상자'가 되면, 한 번 더 결산 점검을 해서 이상이 없는지를 확인해야 하는 의무가 발생된다. 이때 가공경비가 드러날 시에는 강력한 페널티가 존재한다. 이는 세무사 라이센스의 정지 또는 취소까지도 이루어질 수 있는 사안이다.

그렇기에 그동안은 웃어넘길 수 있었던 가공경비들까지도 모두 빼버리게 된다. 예를 들어 사장님이 가족들과 쓰던 식대라든지 개인적인 (영업과 무관한) 비용 등등은 모두 비용에서 제외된다.

자연히 사장님의 경비가 줄어들기에 '이익'이 늘어나는 효과가 발생될 수밖에 없게 된다. 이로 인해 크게 변동되지 않은 매출인데도 불구하고 납부할 세금이 폭발적으로 늘어나게 되는 것이다(12장에 있는 '소득세 누진세율표' 참고).

그러면, 만약 법인사업자로 전환하면 이 문제가 해결되는가?

답을 먼저 말한다면, '그렇다'이다. 법인의 가장 큰 장점 중에 한 가지는 대표님의 소득을 대표님이 스스로 정하여 가져갈 수 있다는 점이다. 눈치가 빠른 독자라면 이미 감을 잡았을 것이다. 내 사업장에서 발

개인사업자와 법인사업자의 소득구조

	개인사업자	법인사업자
세금부과	강제회수	임의조정
세금구조	매출 − 비용 ――――― = 수입 − 세금 ――――― = 소득(대표 1인)	매출 − 비용(대표급여포함) ――――― = 수입 − 세금 ――――― − 세무조정 = 소득(주주 전체)
절세전략	매출, 비용 조정 → 탈세	이익규모, 주주, 임원구성에 따른 급여, 성과금, 퇴직급여, 배당금 조정 → 절세
세율	소득세 38% + 주민세 3.8% = 전체 41.8%	법인세 10%(2억 미만) / 20%(2억 초과) 급여 16.5%(6천 만원까지) → 비용처리 배당금 15.4%(2천만 원까지) 퇴직금 6~9%(금액한도 없음) → 퇴직시 비용 　　　　　　　　　　　　　　　　처리 = 전체 평균 15%대

생되는 이익금이 높다고 하더라도 법인의 경우에는 일부는 대표님의 소득으로, 일부는 법인의 이익금으로 나누어 보유할 수 있다. 이때 소득을 분산하여 생기는 절세금액은 앞의 <표>와 같다.

<표>에서 알 수 있는 것처럼 법인사업자로 전환하는 것이 여러모로 유리함에도 불구하고 대표님들이 법인사업자를 선택하지 못하는 이유는 무엇일까? 문답형식으로 풀어보았다.

문답풀이

문 법인으로의 전환절차가 복잡하다.
답 그렇지 않다. 법무사/세무사 및 전문가를 통해서 위임하면 간단히 해결할 수 있다.

문 법인 이후 돈을 마음대로 쓸 수 없다.
답 그렇지 않다. 적정한 곳에 사용할 수 있는 방법만 안다면, 충분히 자유롭다.

문 법인은 운영이 복잡하다.
답 그렇다. 하지만, 정기적인 자문을 통한다면 개인사업자일 때보다 누릴 수 있는 혜택이 훨씬 많으며, 개인 대비 합법적인 절세 방법이 매우 유리하다.

법인사업자와의 웃픈 통화내역

"김 대표님! 나 얼마 전부터 고민했던 것을 해결했어요. 거래처도 원하지 않고, 나도 매출 누락할 수 있는 거래들 말이요. 그거 개인사업자 하나 더 내면, 의무적으로 신고 안 해도 되지요? 이 간단한 걸 몰랐으니… 다른 사람들도 고민하면, 알려줘요. 이거 편하더라고~"

"대표님! TIS 하고 PCI라고 들어 보셨나요?"

답답한 마음에 TIS(*Tax Integrated System*)와 PCI(*Property, Consumption, Income*)를 언급하는 것으로 답변을 대신하였지만 매출누락이나 수익은닉 등 탈세행위는 반드시 추적된다는 것을 명심해야 한다.

용어정리

TIS : 2011년에 2,302억 원을 들여 만든 국세청 통합 시스템. 통장거래 발생 시 모든 금액 자동 추적. 탈세의 가능여부? ⇨ 절대불가

> **예시** 아빠가 ATM기기에서 현금만 찾아서, 무자료로 금을 사서 자녀에게 증여하면? 자녀는 물가가 올라도, 금이기 때문에 이득이 될 수 있으나… 언젠가 현금화 시키면? 피할 수 없음.

PCI : 재산증가액(부동산, 주식 등)+지출액(카드사용액, 현금영수증 등) – 신고소득액

> **예시** 5억짜리 아파트를 현금으로 구매+5년간 매년 카드사용액(생활비, 교육비 등 6천만 원)=5억+3억=8억 원-신고소득액(매년 3천만 원씩 5년간 신고=1.5억 원)→ 6억 5천만 원에 대한 자금 소명 명령 : 90% 이상 소명 의무

핵심정리

정리1 매출 누락 및 경비 가공 시 불이익 : 과태료, 가산세, 지연이자 등의 추징+추가 세무조사

예시1 15년 전 껌 한 통을 사고서 카드를 내면? 지금은? ⋯▸ 매출을 숨길 수 없다.

예시2 현금 영수증을 발급 거부하면?⋯▸ 파파라치 제도

예시3 사업자간 서로 무자료로 거래하면? ⋯▸ 최초 발행자의 세무조사 시 연쇄폭발

Chapter 18
우리 회사의 매출, 어떻게 늘릴 수 있을까?

> **체크 포인트**
>
> **포인트 1** 사업의 사활! 매출을 늘리고 싶다면?
> **포인트 2** 기술개발을 하거나, 인건비를 줄일수 있는 자동화공정을 생각하자!

현장에서 자문 및 상담을 해주다 보면 대부분의 경영자들의 가장 큰 고민은 당연한 이야기겠지만 역시 '사업 이익'을 늘리는 방법에 대한 것들이었다.

여러 가지 원인과 방법이 있겠지만, 가장 좋은 방법은 '매출'을 늘리는 것이 제일 좋을 것이라는 의견에 대해서는 부정할 수 없을 것이다.

서비스 품질을 높여야 하는가?
음식의 맛을 좋게 하려면 어떻게 해야 하는가?
어떠한 부분에서 원가절감을 할 수 있을까?
제품의 불량률을 낮추려면 어떻게 해야 하는가?
등등의 사항들도 중요한 사안이겠지요.

 이때, 여러 가지 합법적인 방안으로 '절세'를 돕거나, '직원들의 고용과 지속에 따른 고용지원금'을 받거나(2장 참고), 회사의 기술성 등을 인정받아 여러 가지 혜택 및 지원을 받는 등의 방법들을 제시한다.

 자문을 통해 '매출'을 늘게 한다는 것은 참으로 어려운 문제가 아닐 수 없다. 경영컨설팅을 통해서 지원한다는 것 자체가 어디까지나 한계가 있기 때문이다. 사실 이 문제는 사장님/대표님들의 역량과 방법이 가장 중요하다는 것은 재론의 여지가 없을 것이다.

 그렇다 하더라도 방법은 있을 수 있다. 바로 'R&D 지원금 : Research & Development'라는 제도를 이용하는 것이다.

 우리나라 대한민국은 OECD 국가 중에서도 국민생산성 대비 가장 큰 금액을 지원하고 있다. 2022년 기준으로 그 금액의 규모는 거의 30조원 정도에 이른다.

2022년도 R&D자금의 규모(약 29조 8천억 원)

기획재정부		보도자료	
보도일시	2021. 9. 2.(목) 16:00	배포일시	2021. 9. 2.(목) 16:00
담당과장	기획재정부 연구개발예산과 정유리 (044-215-7370)	담당자	구정대 사무관 (koojeongdae@korea.kr) 이상후 사무관 (halamadrid@korea.kr)
	과학기술정보통신부연구예산총괄과 오대현 (044-202-6820)		이지은 사무관 (leeje0409@korea.kr)

2022년도 국가 R&D 재정투자 29.8조원

- 뉴딜 R&D, 금년보다 48% 증가된 3.6조원 투자 -

【 '22년 R&D 예산의 규모 및 의미 】

□ 정부는 국가연구개발(R&D) 예산을 **29.8조원** 규모로 편성한 2022년 예산안을 8.31(화) 국무회의를 통해 의결하였다.

  ㅇ 이는 금년 27.4조원 대비 **8.8%**(+2.4조원) 증가한 수준으로, 3년 연속 정부총지출 증가율을 상회한 규모이다.

<연도별 정부 R&D 예산 규모>

(단위: 조원, %)

구 분	'17	'18	'19	'20	'21	'22(안)
R&D 예산(조원)	19.5	19.7	20.5	24.2	27.4	29.8
R&D예산 증가율(%)	1.9	1.1	4.4	18.0	13.1	8.8
총지출 증가율(%)	3.7	7.1	9.5	9.1	8.9	8.3

개인사업자, 중소기업, 심지어 개인들에게도 그 기회를 열어놓고 있으며 업종/업태에 거의 제한을 두지 않고 광범위하게 지원하고 있는 실정이다(다만, 유흥성/사행성의 사업 등에는 지원되지 않는다는 것을 유념해야 한다).

그런데, 왜 이러한 좋은 제도와 천문학적인 금액의 지원금이 있음에도 대부분의 사장님/대표님들이 혜택을 받지 못하고 있는 것일까? 이유는 대략 다음과 같은 것으로 보인다.

원인 1   저탄소/그린뉴딜 등의 'R&D지원금'의 방향이 나와는 상관이 없을 것이라 생각하기 때문이다.

해 법   그러나 실상은 그렇지 않다. 물론, 영위하는 사업이나 방향이 탄소도 줄이고 환경에도 좋은 것들이라면 좋겠지만, 그렇지 않다 하더라도 지원하여 금액을 수령하여 사용할 수 있다. 'R&D지원금'의 지원 이유 중 가장 큰 부분은 금액을 지원받아 기술을 개발하거나 수작업의 공정 등을 반자동/자동화 하는 것에도 사용이 가능하기 때문이다.

원인 2   그 돈을 받는다 하더라도 어떻게 써야할지를 모르고 있다.

해 법   대표적인 것으로 인력비용이 있다. 현재 영위하고 있는 사업장에서 근로하고 있는 직원들이 있다면 관계된 근로자들의 급여지급을 'R&D지원금'으로 대체할 수도 있기 때문이다. 지원한 과제에 따라 차이는 있지만, 적게는 50%에서 많게는 100%까지 인정 및 지급을 해줄 수 있어 사업의 운영에서 가장 많은 비용을 차지하는 '인건비'를 해결할 수 있게 되는 것이다.

원인 3   무엇을 해야 할지 모르기 때문이다.

해 법 이 문제도 사실 1번에서 설명한 바와 같이 너무 어렵게 생각할 필요가 없다. 몇 가지 예를 들어 설명하면 더 쉽게 이해가 될 것 같다.

예시 1 우리 공장에서는 제품을 만들어서 포장할 때 사람이 하고 있어 자동으로 포장되는 기계와 공정이 있다면 좋을 것 같아. 그런데 "설비하려면 돈이 너무 많이 들겠지?"라는 생각에 망설이고만 있는 사장님들에게 해당될 수 있다.

예시 2 내가 만들고 투자하고 있는 이 아이템을 조금만 더 실험해 보고, 다른 원료도 섞어서 테스트 하면 경쟁력 있는 제품이 될 수 있을 텐데. 원료 사고 장소 빌리고 시험하자니 계속해서 돈이 너무 많이 들것 같아. "하고는 싶은데…"하고 안타깝게 발만 동동거리고 있는 사업자들에게 희망이 될 수 있다.

■ 예시에서 보듯이 이러한 상황에 놓여 있다면?

특히 지방에 사업체가 있는 사장님이라면 더욱 크게 공감할 수 있는 부분이 바로 '인력수급' 문제일 것이다. 인구의 고령화, 외국인 노동자들의 부재 등등 지방에서의 인력수급 문제는 매우 심각한 상황에 처해 있다.

공정을 개선하고 생산력을 늘릴 수 있다면 기업인으로서 그보다 좋은 일이 어디 있겠는가? 또한 실험하고 새로운 기술을 개발하려고 할 때 정부의 지원을 받을 수 있다면 얼마나 힘을 얻게 되겠는가?

이럴 때 바로 이 'R&D지원금'에 도전해 볼 것을 추천한다. 이후에 매출 또한 늘릴 수 있는 더 많은 기회를 찾는다면 분명히 큰 변화가 일어날 수 있을 것이라 생각한다.

R&D사업 지원에 대한 절차 이해도

과제공고 → 제안서 제출 → 서면평가 → 대면평가 → 현장평가 → 선정

1. 과제공고

위의 '기획재정부'의 공고문에도 나와 있듯이 2022년도 기준으로 약 30조 원에 가까운 자금을 지원했다. 이 많은 돈을 개인사업자, 소기업, 중기업 등등에서 모두 받아서 사용을 했으니 어마어마한 자금임에 틀림없다. 중기청, 과기부, 산자부, 교통부, 환경부 등등의 정부기관에서는 매년 과제를 발표한다.

2. 제안서 제출

정부 각 부처의 공고된 과제 중 자기 사업체의 특성과 맞는 과제를 찾아서 사전에 철저하게 준비하여 지원서를 제출해야 한다.

3. 서면평가

장비의 필요성, 자동공정 설치의 절실함, 기술개발의 지원 등등을 서면으로 표현해야 한다. "열심히 할 것"이라는 이야기는 누구나 할 수 있다. 이때 정확한 현재의 상황과 개발의 방향, 그로 인해 필요한 자금의 정확한 계획과 객관적인 자료도 첨부해야 한다.

4. 대면평가

제안서 통과와 함께 대면평가를 시행한다. 필요로 하는 단계와 기술성 등에 대해서 질문을 받게 된다. 이때는 제출된 제안서의 요약본을 발표한 후 질의응답을 하게 된다.

5. 현장평가

제출한 계획에 필요한 장소 및 사업의 유지 등을 확인하기 위해 현장을 방문한다. 이 단계까지 왔다면, 9부 능선에 도착했다고 봐도 무방하다.

6. 선정

선정발표 및 자금의 집행이 이루어진다. 이때 주의할 점은 자금의 용도는 임의대로 사용할 수 없다는 점이다. 정확한 사용처와 회계처리가 필요하다. 어렵지는 않으니 도전을 권해보고 싶다.

필자는 그동안 많은 사장님/대표님들을 만나왔다.
내가 좋아하는 대표님들은 이렇게 질문을 한다.
"그런 게 있어요? 나도 할 수 있을까요?"

그리고 더 안타까운 대표님들은 이렇게 하소연 한다.
"저는 직원도 없고... 제가 잘 몰라서 못할 거 같고..."

"일은 해보면 쉬운 법이다. 그럼에도 시작은 하지 않고 어렵다고만 생각하기에 할 수 있는 일들을 놓친다." - 맹자 -

> **핵심정리**

코로나 이전부터 정부에서 지원하는 "무상지원" 제도들은 많았다.
나라에서는 상당히 많은 금액(23년도 기준 약 31조 원)을 지원하고 있다.
1. 제품 및 상품의 개발을 위한 지원자금
2. 열악한 시설 및 수작업의 자동공정(기계화)

지원자격은 매우 폭넓다. 근로소득자/개인사업자/법인사업자 누구에게나 기회는 있다.

Chapter 19

1년 사업성과 성적표, 미리 받아보세요

체크 포인트

- **포인트 1** 발생된 매출과 비용이 정말 맞는것일까?
- **포인트 2** 변경된 항목들과 나의 공제항목들이 정확히 반영되었을까?

12월 최종결산 점검

매년 변경되는 비용 및 확인사항들이 있기에, 내가 해당하는 것들은 없는지? 주의할 사항은 없는지 확인할 필요가 있다. 대부분 담당 세무사가 처리를 하겠지만, 놓칠 수 있는 항목들은 어떠한 것들이 있기에 자체적으로 확인이 필요한지의 예를 살펴보자.

체크항목

- 중소기업 대손금 상향
- 업무용 승용차 비용 인정 상향
- 중소기업 접대비 한도 변경
- 기부금 이월공제

- 즉시상각 수선비중 총액 상향
- 통합투자세액공제 신설
- 고용증가인원에 대한 사회보험료 세액공제
- 상가임대료를 인하한 임대사업자에 대한 세액공제
- 2년 이상 미회수 매출채권 대손처리 가능
- 가지급금에 대한 인정이자도 처리방법에 따라 세부담 변경
- 공사업은 진행률과 완성도 기준 중 유리한 방식 적용
- 사업용으로 사용한 개인카드 및 현금 지출 경조사 비용도 경비처리

(* 2020~2021년도의 변경내용 등이며, 적용기간 및 신고분에 따른 차이도 있음)

모든 항목을 나열하지는 않았지만, 과연 이런 모든 것들을 세무사가 알아서 해줄까? 대부분은 적용을 하고 있겠지만. 누락되는 항목들도 분명히 있을 것이다.

■ 사업을 영위하는 사장님/대표님들이 이러한 항목들에 관심을 갖고 담당 세무사에게 전화 한 통 하게 된다면?

▶ 아마 많은 변화가 생길 것이라 자신있게 말할 수 있다.

다음은 2023년도 개편안입니다.

최근 국세청에서 발표한 중소기업 CEO가 알아야 할 세법개정안 중 일부를 첨부한다.

중소기업 CEO가 알아야 할 세법개정안

제도명	현행		개정안		개정취지
법인세 세율 (법법55조)	과세표준	세율	과세표준	세율	현행 구간별 세율 1%p씩 인하 (2023.1.1.~)
	2억 원 이하	10%	2억 원 이하	9%	
	2억 원~200억 원	20%	2억 원~200억 원	19%	
	200억 원~3,000억 원	22%	200억 원~3,000억 원	21%	
	3,000억 원 초과	25%	3,000억 원 초과	24%	
국내자회사 배당금 이중과세 조정합리화 (법법18의2조, 18의3조)	비상장법인		비상장법인		과세 합리화 (2023.1.1.~) *23년은 종전규정 선택허용
	지분율	익금불산입률	지분율	익금불산입률	
	100%	100%	50%	100%	
	50%~100%	50%	20%~50%	80%	
	50% 미만	30%	20% 미만	30%	
			- 상장/비상장 기준 통일		

	구분	현행	개정안	
가업상속 공제확대 (상증법 18조)	1. 적용대상	중소기업 중견기업(매출액 4천억 원 미만)	중소기업 중견기업(매출액 **5천억 원** 미만)	중소/중견기업의 원활한 가업상속 지원 (2023.1.1.~) *23.1.1 현재 사후관리 중인 경우에도 개정규정 적용
	2. 공제한도	가업영위기간 10년 이상~20년: 200억 원 20년 이상~30년: 300억 원 30년 이상: 500억 원	가업영위기간 10년 이상~20년: **300억 원** 20년 이상~30년: **400억 원** 30년 이상: **600억 원**	
	3. 피상속인 지분요건	최대주주&지분 50% 이상 (상장법인 30%) 10년 이상 계속 보유	최대주주&지분 **40%** 이상 (상장법인 **20%**) 10년 이상 계속 보유 (미확정)	
	4. (기간) 사후관리 7년 5. (업종) 중분류 내 업종변경만 허용 6. (고용) 고용유지 : 정규직근로자의 수 또는 총급여액을 [매년 80% 이상] + [7년 통산 100% 이상] 7. (자산) 자산유지 : 가업용 자산의 20%(5년 이내 10%) 이상 처분 제한		4. (기간) 사후관리 **5년**으로 단축 5. (업종) **대분류 내** 업종변경 가능 (미확정) 6. (고용) 고용유지 완화 : **5년 통산 90% 이상** 7. (자산) 자산유지요건 : 가업용 자산의 **40% 이상 처분** 제한 (연수제한 없음)	

제도명	현행	개정안	개정취지
가업승계 증여세	가업상속공제의 - 1번, 3번(증여자 기준), 4번, 5번, 지분유지요건과 동일 - 6, 7번은 가업승계 증여세 과세특례와 해당사항 없음		중소/중견 기업의 원활한 가업 상속지원 (2023.1.1.~) *'23.1.1현재 사후관리 중인 경우에도 개정규정 적용
	1. 특례내용 : 과세가액 100억 원 한도로 5억 원 공제 후 과세표준 30억 원 이하는 10%, 초과분은 20% 증여세율 적용 2. 수증자는 수증일로부터 5년 이내 대표이사 취임	1. 특례내용 확대 : 과세가액 600억 원 한도로 10억 원 공제 후 과세표준 60억 원 이하는 10% 초과분은 20% 증여세율 적용 2. 수증자는 수증일로부터 3년 이내 대표이사 취임	
최대주주 주식할증 평가 합리화 (상증법63조)	중견/대기업의 최대주주 주식은 20% 할증하여 평가	중소기업 + 대통령령으로 정하는 중견기업 할증배제	제도합리화 (2023.1.1.~)
상속세 납부유예 제도 신설 (상증법 71의2)	1. 적용대상: 가업상속공제 요건 충족되는 중소기업으로 가업상속 공제를 받지 않은 기업(2제도의 중복적용은 안됨) 2. 납부유예: 상속인이 상속받은 가업상속재산을 양도/상속/증여하는 시점까지 상속세(=납부세액*가업재산/총상속재산)를 납부유예 3. 상속세 납부: 아래에 해당 시 사유발생일이 속하는 달의 말일부터 6개월 이내에 상속세 및 (유예기간 전체의)이자상당액 납부(①~④는 전액납부, ⑤~⑥은 양도 등 해당분만 납부) 　① 정당한 사유 없이 사후관리요건 위반 　② 1년 이상 휴/폐업 　③ 상속인이 최대주주 등에 해당하지 않게 된 경우 　④ 상속인이 사망하여 상속이 개시 　⑤ 상속받은 가업상속재산(주식 등 제외)을 40% 이상 양도/증여 　⑥ 정당한 사유 없이 주식 등을 상속받은 상속인의 지분이 감소 　(④~⑥은 재차 가업승계 시 계속 납부유예 적용 가능) 4. 사후관리 기간: 5년 5. 사후관리 요건(*업종유지 요건은 없음) 　① 상속인이 대표이사로서 가업에 종사할 것 　② 고용유지(5년 통산 70%의 정규직 수 또는 총급여액 유지) 　③ 상속받은 지분 유지 6. 납부유예는 [납세자가 상속세 신고기한 내에 신청 + 납세담보 제공] + [관할세무서장의 허가]의 절차로 이루어짐		중소기업의 원활한 가업상속 지원 (2023.1.1.~)

제도명	현행	개정안	개정취지
증여세 납부유예 제도 신설 (상증법 71의2)	1. 적용대상: 가업승계 특례증여 요건 충족되는 중소기업으로 가업승계 특례증여를 받지 않은 주식 등(2제도의 중복적용은 안됨) 2. 납부유예: 수증자가 증여받은 가업주식을 양도/상속/증여하는 시점까지 증여세(=납부세액*가업재산/총상속재산)를 납부유예 3. 증여세 납부: 아래에 해당 시 사유발생일이 속하는 달의 말일부터 3개월 이내에 증여세 및 (유예기간 전체의)이자상당액 납부(①~④은 전액납부, ⑤~⑥은 양도 등 해당분만 납부) 　① 정당한 사유 없이 사후관리요건 위반 　② 1년 이상 휴/폐업 　③ 수증자가 최대주주 등에 해당하지 않게 된 경우 　④ 수증자가 사망하여 상속이 개시 　⑤ 정당한 사유 없이 주식 등을 상속받은 상속인의 지분이 감소 　(④~⑤은 재차 가업승계 시 계속 납부유예 적용 가능) 4. 사후관리 기간: 5년 5. 사후관리 요건(*업종유지 요건은 없음) 　① 수증자가 대표이사로서 가업에 종사할 것 　② 고용유지(5년 통산 70%의 정규직 수 또는 총급여액 유지) 　③ 증여받은 지분 유지 6. 납부유예는 [납세자가 증여세 신고기한 내에 신청 + 납세담보 제공] + [관할세무서장의 허가]의 절차로 이루어짐		중소기업의 원활한 가업상속 지원 (2023.1.1.~)
가업상속 연부연납 확대 (상증법 71조)	1. 가업상속 연부연납 요건 　① 중소/중견기업 　② 피상속인이 최대주주 + 지분율 50% 이상 + 5년 이상 계속 보유 + 5년 이상 경영 + 대표이사 등 재직 　③ 상속인이 18세 이상 + 신고기한까지 임원 취임 + 2년 이내 대표이사 취임 2. 가업상속 연부연납 기간 　① 가업상속재산 비율 50% 미만 : 10년 또는 3년 거치 후 7년 　② 가업상속재산 비율 50% 이상 : 20년 또는 5년 거치 후 15년	1. 가업상속 연부연납 요건 중 최대주주 지분율 40% 이상으로 완화 (미확정) 2. 가업상속 연부연납 기간확대 : 20년 또는 10년 거치 후 10년 분할납부 가능 (가업상속재산 비율에 무관) *가업상속 연부연납은 가업상속공제를 받은 경우 또는 가업상속 연부연납 요건을 충족하는 경우 적용	상속세 납부부담 완화 (2023.1.1.~)

제도명	현행	개정안	개정취지
창업자금 증여세 과세특례 확대 (조특법 30의5)	1. 자녀가 부모로부터 증여받은 창업자금 2. 30억 원을 한도로 5억 원 공제 후 10% 증여세율 적용(10명 이상 신규 고용 시 50억 원 한도) 3. 종전의 사업승계는 창업에서 제외	1. 좌동 2. 50억 원 한도 (10명 이상 신규 고용 시 100억 원 한도) 3. 종전의 사업에 사용되던 자산을 매입하여 동종사업 영위하는 경우로서 자산가액에서 인수/매입한 사업용 자산이 50% 미만의 경우 창업으로 인정	창업활성화 지원 (2023.1.1.~)
벤처 스톡옵션 행사이익의 비과세 한도 상향(조특법 16조의2)	- 부여받은 주식매수선택권 행사이익 연간 5천만 원 한도로 비과세	- 한도 확대 연간 5천만 원 → 2억 원 - 누적한도 : 5억 원	벤처기업 우수인재 유치지원 (2023.1.1.~)
통합고용 세액공제 신설 (조특법 29조의8)	아래의 5가지 세액공제 제도 존재 1. 고용증대 세액공제 2. 사회보험료 세액공제 3. 경력단절여성 세액공제 4. 정규직 전환 세액공제 5. 육아휴직복귀자 세액공제 중소기업 기본공제 공제율 	구 분	공제액(단위:만원) 중소(3년 지원)		
		수도권	지방
상시근로자	850	950

청년정규직, 장애인, 60세 이상, 경력단절여성 등	1,450	1,550		통합고용세액공제로 통합
				1. 기본공제=고용증가 인원*
				  1인당 세액공제액(좌측 1번 + 2번 + 3번)
				2. 추가공제=정규직 전환/육아휴직 복귀 인원
				  * 인당 공제액(좌측 4번 + 5번)
				  * 공제액수준은 기존과 유사
				  * 청년연령범위 확대(15~29세→34세까지)
				  * 우대공제 대상에 경력단절여성도 포함
				  * 사후관리 2년(고용유지)
				
				중소기업 기본공제 공제율
				
				| 구 분
					공제액(단위:만원) 중소

정규직 전환자 (1년 지원)	1,300
육아휴직 복귀자 (1년 지원)			고용확대 지원 (2023.1.1.~) *'23년, '24년은 종전규정 선택 허용

제도명	현행		개정안		개정취지
퇴직소득세 부담완화 (소법 48조 1항)	퇴직소득 근속연수 공제액		퇴직소득 근속연수 공제액		퇴직자 세부담 경감 (2023.1.1.~)
	근속연수	공제액	근속연수	공제액	
	5년 이하	30만 원×근속연수	5년 이하	100만 원×근속연수	
	6~10년	150만 원+50만 원×(근속연수-5년)	6~10년	500만 원+200만 원×(근속연수-5년)	
	11~20년	400만 원+80만 원×(근속연수-10년)	11~20년	1,500만 원+250만 원×(근속연수-10년)	
	20년 초과	1,200만 원+120만 원×(근속연수-20년)	20년 초과	4,000만 원+300만 원×(근속연수-20년)	
투자·상생협력 촉진세제 적용대상 축소 및 일몰연장 (조특법 100조의32)	투자·상생협력 촉진세제 적용기한 종료 ○ (적용대상)자기자본 500억 원 초과 법인(중소기업 제외) 및 상호출자제한기업집단 소속 법인 ○ (적용기한) 2022.12.31.		적용대상 축소 및 3년 연장 ○ 상호출자제한기업집단 소속 법인 ○ 2025.12.31.		중견기업 등 제외 후 일몰연장
금융투자소득세 및 가상자산 과세도입을 2년 유예	금융투자상품(주식/채권/펀드 등)으로부터 실현된 소득을 합산과세하는 금융투자소득세 도입 - 2023.1.1. 시행예정		- 2025.1.1. 시행으로 2년 유예		제반여건 고려
소득세 과세표준 구간조정 (소법55조)	과 세 표 준	세율	과 세 표 준	세율	서민/중산층 세부담 완화 (2023.1.1.~)
	1,200만 원 이하	6%	1,400만 원 이하	6%	
	1,200만 원~4,600만 원	15%	1,400만 원~5,000만 원	15%	
	4,600만 원~8,800만 원	24%	5,000만 원~8,800만 원	24%	
	8,800만 원~1.5억 원	35%	8,800만 원~1.5억 원	35%	
	1.5억 원~3억 원	38%	1.5억 원~3억 원	38%	
	3억 원~5억 원	40%	3억 원~5억 원	40%	
	5억 원~10억 원	42%	5억 원~10억 원	42%	
	10억 원 초과	45%	10억 원 초과	45%	

제도명	현행	개정안	개정취지
근로소득 세액공제 한도축소 (소법59조)	- 총급여 7,000만 원 초과: 66~50만 원	- 총급여 7,000만 원~1.2억 원: 66~50만 원 - 총급여 1.2억 원 초과: 50~20만 원	제반여건 고려
식대비과세 한도 확대 (소법령17의2조)	사내급식 등을 제공받지 않는 근로자(임원포함)가 받는 월 10만 원 이하의 식사대는 비과세	월 20만 원 이하로 확대	근로자 세부담 완화 (2023.1.1.~)
감액배당 익금불산입 범위 조정 (법법 18조)	- 상법 461의2조에 따라 자본준비금을 감액하여 받는 배당은 익금불산입 - 익금불산입의 한도: 없음	- 익금불산입 되는 감액배당의 한도 신설: 내국법인이 보유한 주식의 장부가액을 한도로 인정	과세제도 합리화 (2023.1.1.~)
특례제척기간 사유 신설 (국기법 26의2조)	판결 등의 결과로 다음의 사실이 확인될 경우(일반적 제적기간 만료시에도) 판결 등이 확정된 날부터 1년 이내 부과 처분 가능: 사업의 명의대여/비거주자 등 국내원천소득 실질귀속자	특례부과제척기간의 사유에 재산의 실질 귀속자가 판결 등으로 확인되는 경우를 추가	명의대여에 대한 과세권 강화 (2023.1.1.~)
연금계좌 세제혜택 확대(소법 59의3 등)	- 세액공제 대상 납입한도 확대 (종전규정 설명은 생략) ○ 연금저축 + 퇴직연금 | 총급여액 (종합소득금액)	세액공제 대상 납입한도 (연금저축 납입한도)	과세표준
---	---	---
5,500만 원 이하(4,500만 원)	600만원(퇴직연금 포함 900만원)	15%
5,500만 원 초과(4,500만 원)	※기존 400만 원	12% | - 연금소득 1,200만 원 초과 시에도 분리과세(15%) 선택 가능		노후소득 보장강화 (2023.1.1.~)
후발적 경정 청구 사유 확대 (국기법 45의2조)	후발적 경정청구(사유발생한 것을 안 날로부터 3개월 이내 경정청구 가능) EX. 과세표준 및 세액 계산근거가 된 거래 또는 행위 등이 그에 관한 소송에 대한 판결에 의해 다른 것으로 확정된 경우 등	후발적 경정청구 사유 추가 - 심사/심판결정에 의해 다른 것으로 확정된 경우 - 경정/결정으로 다른 세목의 과세표준 또는 세액이 과다납부된 경우	납세자 권익강화

제도명	개정안
이월결손금 공제한도 (법인법)	- 일반적인 이월결손금 공제한도를 60% → 80% 상향
일감몰아주기 과세제도 합리화 (상증법·상증령) (미확정)	- 사업부문별 과세 허용 (사업부문별로 증여이익을 산출하여 일감몰아주기와 무관한 사업부문 이익은 증여이익에서 제외)
연결납세제도 적용대상 확대 (법인법)	- 연결납세제도의 실효성 제고를 위해 자회사 범위를 모회사 지분율 100% → 90% 확대
양도소득세 이월과세 제도 (소득법)	- 특수관계자간 증여를 통한 양도소득세 회피, 증여일로부터 5년 이내 → 10년 이내
개입사업자의 업무전용 자동차보험 가입의무 강화 (소득령) (미확정)	- 가입대상: 전체 복식부기 의무자 - 미가입시 1대를 초과하는 승용차 관련 비용 50% → 100% 필요경비 불산입(전문직·성실신고확인대상자가 아닌 경우 시행 후 24년~25년 만 불산입)

핵심정리

본문의 내용을 보더라도 매년 바뀌는 세법과 개정안, 공제항목들이 매우 많다. 나의 직원분도 열심히 해주실 것이고 세무사 직원분도 열심히 해주시고 있다.

사장님/대표님이 찾아서 확인을 해볼 것인가?

다음과 같은 한 마디로 확인할 수 있다.

"세무사님! 올해 바뀐 공제항목들이 있다고 들었습니다. 공제율 등은 맞는지 확인해서 알려주세요!"

가장 손쉽고 현실적이며 위엄있는 근거 방법이다(더욱 좋은 것은 직접 확인하는 것이지만... 현실적으로 쉽지 않다)

Chapter 20
연말이라도 퇴직연금을 통해서 절세 검토해 보세요

> **체크 포인트**
>
> **포인트 1** 직원들의 퇴직연금은 잘 챙기고 있는가?
> **포인트 2** 대표님의 퇴직금은 잘 챙기고 있나요?

오랜 기간 동안 사장님/대표님들과 상담을 해보면, 모두들 매년 더욱 힘들어지고 있다는 말들을 한다. 안타까운 마음에 놓치고 있는 부분은 없는지, 더욱 자세히 살펴 조금이라도 도움이 될 수 있도록 노력을 하고 있다.

그런데 가끔씩은 씨익 웃으면서 "올해는 조금 괜찮네요!"라는 대표님들도 있다. 그럴 때면 함께하는 파트너로서 나의 마음 역시 매우 유쾌해지고, 이익금에 대해 더 깊이 살피게 되고, 세금을 더 줄일 수 있는 것들을 귀띔하곤 한다.

다음의 방법은 사업자들이라면 누구나 할 수 있는 좋은 절세방법이다.

우선 경영 자문에서 중요한 것들을 뽑으라고 한다면, 35가지 이상에 대해서 3박 4일을 떠들어도 모두 설명하지 못할 거라고 생각을 한다. 하지만, 필자가 이야기 하는 가장 중요한 두 가지는 항상 같다. 꼭 한 가지를 꼽으라면, 답을 낼 수 없을 것이고. 알았으니, 두 가지를 꼽으라면?

'세금'과 '노무.'

둘 중에 노무의 중요성을 잠시 다시 짚어보도록 하겠다. 특히 퇴직금에 대한 규정을 살펴보면, 다음과 같은 강력한 벌칙이 있다.

'퇴직금 지급'이 미이행 될 시에는

1. 3년 이하 징역 또는 2천만 원 이하 벌금
2. 3년 이내 퇴직금 전액 지급청구권

즉, 퇴직금은 회사의 경영이 어렵다고 해서. 또는 대표 개인의 사정이 있다 해서 선택적으로 줄 수 있는 성격의 금액이 아니다. 이러한 제도가 있다면 퇴직금을 미리 적립하여 이익금을 줄이는 효과를 볼 수가 있다.

이익금이 많은 대표님과의 대화는 다음과 같이 이루어지고 있다.

"이OO대표님! 가을에 찾아와서 가결산할 당시, 이익금이 많아서 제가 제안했던 것들을 다 실행한 결과 많은 절세를 하게 되었는데 기억나나요? 배우자와 자제들에게 배당을 해서 절세하였고요. 노후화된 장비의 교체가 필요했던 것을 해를 넘기지 않고 매입한 덕분에 절세하였고요. 추가로 필요한 원자재와 상품들을 구입하여 절세하였습니다."

"그런데, 이OO대표님! 근로자들의 퇴직금을 살펴보던 중 이상한 점을 발견하였습니다. 퇴직금 지급에 대한 규정은 무섭다고 할 정도로 강제성을 가지고 있지요?

직원들의 수도 20명 정도로 상당히 많으신데요. 한 명당 평균 급여가 300만 원이라고 가정하면, 1년에 300만 원을 적립해 주셔야 하고, 한 명당 월 25만원이 됩니다. 맞나요? 그렇다면, 월 25만원×20명=500만 원이라는 계산이 나옵니다. 1년인 12개월을 감안하면. 연간 6,000만 원입니다.

지금까지 이 금액들을 적립하지 않으셨더라고요. 물론, 이전 3년간은 매출이 적고 재투자 설비 때문이었던 것으로 알고 있습니다. 지금부터라도 적립을 하신다면, 매년 6,000만 원씩 이익금에서 빠지는 효과가 있습니다.

그동안 밀렸던 퇴직금을 적립하십시오. 원하시는 금융사를 이용하시면 됩니다. 6천만 원×3년=1억 8,000만원이네요. 이번 전략으로 보는 혜택 금액은 이익금이 2억을 넘고 계시니, 3,600만원의 절세/이연 효과가 발생됩니다."

이 사례를 보면 알 수 있듯이 개인사업자이든 법인사업자이든 코로나 등으로 힘들었던 시기를 지나 매출과 이익금이 늘어나는 상황이라면?

그동안, 지급/적립하지 못했던 직원들의 퇴직연금을 활용하면 매우 좋은 절세전략이 될 것이다.

또한, 안타까운 점 한 가지는 대표님과 임원들의 퇴직금도 반드시 적립되어야 하는 형편임에도 불구하고 정작 본인들의 퇴직금은 손을 놓고 있다는 점이다.

책의 서두에서 잠시 이야기했지만,

법인의 정관 등을 개정하여

- 유가족 보상제도,
- 임원의 보수 및 퇴직금 제도

등을 이용하여, 대표 및 임원으로 등재된 분들의 합리적인 제도 이용도 이루어지길 바란다. 아쉽게도 퇴직금 등의 제도는 개인사업자 사장님들은 해당이 안 된다.

다만, 개인사업자 사장님들은 금융권을 이용한 노란우산공제, 연금저축 등을 적극 활용하길 추천한다. 두 상품 모두 소득공제 등의 효과가 있으며 노란우산공제의 경우는 사업의 부도 시에도 보호받을 수 있는 효자상품이라 할 수 있겠다.

핵심정리

대부분의 대표님들은 큰 착각을 하고 계신다.
1. 나는 건강할 것이고 : 건강할 때 본인의 돈 모으시길 바란다.
2. 큰 돈을 모을 것이며 : 작은 돈을 모아야 큰 돈이 된다.
3. 별탈없이 사업은 성장할 것이다 : 그러니까 가장 고생한 본인을 위해 저축해야 한다.

위의 3가지를 말씀드리면 사장님/대표님들은 착각을 하신다.
누군가에게 돈을 주시거나 뺏긴다고 착각하시는데… 실은 본인들의 명의로 본인 돈을 모은다는 것이다.
가장 고생하는 본인들을 위해, 가족을 위해 준비를 하시길 부탁드린다.

에필로그

중소상공인 대표님/사장님이시라면
반드시 소장하는 고민 해결사같은 책이 되기를 ...

마무리하고 보니 아쉬움이 많이 남는다. 처음에는 너무 욕심이 생겨서 모든 중소상공인 기업 대표님과 사장님께 모든 고민의 해결사 역할을 하는 백과사전과 같은 책을 만들고 싶어 이것도 넣어보고, 저것도 넣어보고 하다 보니 본의 아니게 너무도 멀리 갔던 적도 있었고 쓰다 보니 내용이 없어져서 소용이 없는 것들도 생기는 일도 있던 것 같다.

사업을 하시는 중소상공인 대표님과 사장님이라면 꼭 한 권 정도씩 소장하시길 바라는 마음이 큰것도 사실이다. 뒤돌아서 책장을 보며 책장에는 꽂혀 있지만 큰 맘을 먹어야 꺼내보는 책과 언제든 편하게 꺼내서 가벼운 마음으로 끄적이기는 하지만 자주 보는 책을 보면서 난 어떤 책을 쓰고자 했던 건지 다시 한번 생각도 해 보았다.

물론 위에서 말한 두 가지 모두 포함된 책의 장점을 갖길 바란다.

지속적으로 김용희/이상수 우리 두 명의 저자들은 여러 가지 이야기를 나누고 보완하고 수정해 나가면서, 사업을 하면서 알면(또는 알아야) 도움이 되는 것들, 반드시 필요한 것들, 모르면 피해 보는것들을 계절의 흐름 속에 자연스럽게 실행해야 하는 지침서가 되고자 했다.

현장에서 지속적인 상담을 하고 자문도 도와드리고, 컨설팅도 하면서 대표님, 사장님들이 얼마나 외롭고 힘든지도 안다. 오히려 남들이 보기엔 높은 자리에 있어 보이지만 그만큼 책임감과 무게감이 커지고 외로움이 커질 수밖에 없다. 옆에서 보면 많은 상처에 힘이 들텐데도 본인들의 가정이나 회사에서 자기를 보는 식구들이 걱정할까봐 힘들다는 이야기도 못 한다.

현재 중소상공인 대표님과 사장님은 힘이 많이 들 수밖에 없는 구조를 가지고 있다.

대기업의 전문경영인처럼 체계적인 교육을 통해 전문지식을 습득하거나 체계화된 전문가시스템의 도움을 받을 수 없는 대다수의 중소상공인 대표님과 사장님은 힘이 들 수밖에 없다.

근로자와의 관계나 근로기준법에 대한 인사노무를 알아야 하고, 세무나 회계를 알아야 하고, 매출을 올리기 위한 마케팅도 알아야 하고, 일정기간이나 변경에 따른 법무적인 일도 알아야 하는데 대다수의 분들은 타업체에 의해, 노동청이나 세무서와 같은 국가기관에, 가족과 같은 근로자에게 예기치 못한 상처를 겪으면서 면역을 키워나가거나 다치는 일이 많기 때문이다.

그래서 도움이 되고자 하는 마음으로 현장에서의 상담도 중요하지만 이 책을 통해서 여기에 있는 것들만 실행해 나가신다면 이미 문제가 생겨서 그 문제를 해결하기보다는 애초에 문제를 안 생기게 예방관리하는 쪽으로 도움이 될 수 있을 거라고 확신한다.

**대한민국 모든 중소기업 사장님과 대표님을 응원합니다.
화이팅!!!**

부 록

1. 근로 관련 각종 서류 양식 모음

2. 사업자가 알아두면 도움되는 사이트

◎ 부록 1 : 근로 관련 각종 서류 양식 모음

표준근로계약서(기간의 정함이 없는 경우)

_____ (이하 "사업주"라 함)과(와) _____(이하 "근로자"라 함)은 다음과 같이 근로계약을 체결한다.

1. 근로개시일 :   년   월   일부터
2. 근 무 장 소 :
3. 업무의 내용 :
4. 소정근로시간 : ___시 ___분부터 ___시 ___분까지 (휴게시간 : 시 분 ~ 시 분)
5. 근무일/휴일 : 매주 ___일(또는 매일단위)근무, 주휴일 매주 ___요일
6. 임 금
   - 월(일, 시간)급 : _____ 원
   - 상여금 : 있음 ( ) _____ 원, 없음 (   )
   - 기타급여(제수당 등) : 있음 (   ), 없음 (   )
     · _____원, _____원
     · _____원, _____원
   - 임금지급일 : 매월(매주 또는 매일) ____일(휴일의 경우는 전일 지급)
   - 지급방법 : 근로자에게 직접지급(   ), 근로자 명의 예금통장에 입금(   )
7. 연차유급휴가
   - 연차유급휴가는 근로기준법에서 정하는 바에 따라 부여함
8. 사회보험 적용여부(해당란에 체크)
   □ 고용보험 □ 산재보험 □ 국민연금 □ 건강보험
9. 근로계약서 교부
   - 사업주는 근로계약을 체결함과 동시에 본 계약서를 사본하여 근로자의 교부 요구와 관계없이 근로자에게 교부함(근로기준법 제17조 이행)
10. 근로계약, 취업규칙 등의 성실한 이행의무
    - 사업주와 근로자는 각자가 근로계약, 취업규칙, 단체협약을 지키고 성실하게 이행하여야 함
11. 기 타
    - 이 계약에 정함이 없는 사항은 근로기준법령에 의함

                        년   월   일

(사업주) 사업체명 :   (전화 :   )
         주   소 :
         대 표 자 :   (서명)
(근로자) 주   소 :
         연 락 처 :
         성   명 :   (서명)

※ 위 근로계약서를 교부받았음을 확인합니다. 수령자 성명   (서명)

표준근로계약서(기간의 정함이 있는 경우)

_____ (이하 "사업주"라 함)과(와) _____(이하 "근로자"라 함)은 다음과 같이 근로계약을 체결한다.

1. 근로계약기간 :   년 월 일부터   년 월 일까지
2. 근 무 장 소 :
3. 업무의 내용 :
4. 소정근로시간 : ___시 ___분부터 ___시 ___분까지 (휴게시간 : 시 분 ~ 시 분)
5. 근무일/휴일 : 매주 ___일(또는 매일단위)근무, 주휴일 매주 ___요일
6. 임 금
   - 월(일, 시간)급 : _____ 원
   - 상여금 : 있음 ( ) _____ 원, 없음 ( )
   - 기타급여(제수당 등) : 있음 ( ), 없음 ( )
      · _____ 원, _____ 원
      · _____ 원, _____ 원
   - 임금지급일 : 매월(매주 또는 매일) ____일(휴일의 경우는 전일 지급)
   - 지급방법 : 근로자에게 직접지급( ), 근로자 명의 예금통장에 입금( )
7. 연차유급휴가
   - 연차유급휴가는 근로기준법에서 정하는 바에 따라 부여함
8. 사회보험 적용여부(해당란에 체크)
   □ 고용보험 □ 산재보험 □ 국민연금 □ 건강보험
9. 근로계약서 교부
   - 사업주는 근로계약을 체결함과 동시에 본 계약서를 사본하여 근로자의 교부 요구와 관계없이 근로자에게 교부함(근로기준법 제17조 이행)
10. 근로계약, 취업규칙 등의 성실한 이행의무
    - 사업주와 근로자는 각자가 근로계약, 취업규칙, 단체협약을 지키고 성실하게 이행하여야 함
11. 기 타
    - 이 계약에 정함이 없는 사항은 근로기준법령에 의함

                         년   월   일

(사업주) 사업체명 :   (전화 :   )
        주 소 :
        대 표 자 :   (서명)
(근로자) 주 소 :
        연 락 처 :
        성 명 :   (서명)

   ※ 위 근로계약서를 교부받았음을 확인합니다. 수령자 성명   (서명)

단시간근로자 표준근로계약서

_____(이하 "사업주"라 함)과(와) _____(이하 "근로자"라 함)은 다음과 같이 근로계약을 체결한다.

1. 근로개시일 :   년   월   일부터
    ※ 근로계약기간을 정하는 경우에는 " 년 월 일부터 년 월 일까지" 등으로 기재
2. 근 무 장 소 :
3. 업무의 내용 :
4. 근로일 및 근로일별 근로시간

근로시간	월요일	화요일	수요일	목요일	금요일	토요일
	시간	시간	시간	시간	시간	시간
시업	시 분	시 분	시 분	시 분	시 분	시 분
종업	시 분	시 분	시 분	시 분	시 분	시 분
휴게 시간	시 분 ~ 시 분	시 분 ~ 시 분	시 분 ~ 시 분	시 분 ~ 시 분	시 분 ~ 시 분	시 분 ~ 시 분

   ○ 주휴일 : 매주 _____ 요일
5. 임 금
    - 시간 (일, 월)급 : _____원(해당사항에 ○표)
    - 상여금 : 있음 ( ) _____원, 없음 ( )
    - 기타급여(제수당 등) : 있음: 1일 _____원(내역별 기재), 없음 ( ),
                          주휴수당 1주 _____원
    - 초과근로에 대한 가산임금률: _____ %
    ※ 단시간근로자와 사용자 사이에 근로하기로 정한 시간을 초과하여 근로하면 법정 근로시간 내라도 통상임금의 100분의 50%이상.의 가산임금 지급('14.9.19. 시행)
    - 임금지급일 : 매월(매주 또는 매일) _____일(휴일의 경우는 전일 지급)
    - 지급방법 : 근로자에게 직접지급 ( ), 근로자 명의 예금통장에 입금 ( )
6. 연차유급휴가: 통상근로자의 근로시간에 비례하여 연차유급휴가 부여
7. 사회보험 적용여부(해당란에 체크)
    □ 고용보험   □ 산재보험   □ 국민연금   □ 건강보험
8. 근로계약서 교부
    - "사업주"는 근로계약을 체결함과 동시에 본 계약서를 사본하여 "근로자"의 교부 요구와 관계없이 "근로자"에게 교부함(근로기준법 제17조 이행)
9. 근로계약, 취업규칙 등의 성실한 이행의무
    - 사업주와 근로자는 각자가 근로계약, 취업규칙, 단체협약을 지키고 성실하게 이행 하여야 함
10. 기 타
    - 이 계약에 정함이 없는 사항은 근로기준법령에 의함

                           년   월   일

(사업주) 사업체명 :   (전화 :   )
         주 소 :
         대 표 자 :   (서명)
(근로자) 주 소 :
         연 락 처 :
         성 명 :   (서명)

◁◁ 단시간근로자의 경우 "근로일 및 근로일별 근로시간"을 반드시 기재하여야 합니다. 다양한 사례가 있을 수 있어, 몇 가지 유형을 예시하오니 참고하시기 바랍니다. ▷▷

o (예시①) 주5일, 일 6시간(근로일별 근로시간 같음)
  - 근로일 : 주 5일, 근로시간 : 매일 6시간
  - 시업 시각 : 09시 00분, 종업 시각: 16시 00분
  - 휴게 시간 : 12시 00분부터 13시 00분까지
  - 주휴일 : 일요일

o (예시②) 주 2일, 일 4시간(근로일별 근로시간 같음)
  - 근로일 : 주 2일(토, 일요일), 근로시간 : 매일 4시간
  - 시업 시각 : 20시 00분, 종업 시각: 24시 30분
  - 휴게 시간 : 22시 00분부터 22시 30분까지
  - 주휴일 : 해당 없음

o (예시③) 주 5일, 근로일별 근로시간이 다름

	월요일	화요일	수요일	목요일	금요일
근로시간	6시간	3시간	6시간	3시간	6시간
시업	09시 00분	09시 00분	09시 00분	09시 00분	09시 00분
종업	16시 00분	12시 00분	16시 00분	12시 00분	16시 00분
휴게 시간	12시 00분 ~ 13시 00분	-	12시 00분 ~ 13시 00분	-	12시 00분 ~ 13시 00분

  - 주휴일 : 일요일

o (예시④) 주 3일, 근로일별 근로시간이 다름

	월요일	화요일	수요일	목요일	금요일
근로시간	4시간	-	6시간	-	5시간
시업	09시 00분	-	10시 00분	-	14시 00분
종업	16시 00분	-	17시 00분	-	20시 00분
휴게 시간	12시 00분 ~ 13시 00분	-	13시 00분 ~ 14시 00분	-	18시 00분 ~ 19시 00분

  - 주휴일 : 일요일

※ 기간제·단시간근로자 주요 근로조건 서면 명시 의무 위반 적발 시 과태료 (인당 500만원 이하) 즉시 부과에 유의('14.8.1.부터)

임원보수계약서

법인 ("갑")	사업자명		대표	
	사업자등록번호		법인등록번호	
	소재지			
임원 ("을")	성명		주민등록번호	
	직급		연락처	
	주소			

제 1 조 【목적】
　"을"은 "갑"의 보수규정에 따라 성실한 임원 근로제공을 약정하며 이 계약을 체결한다. 계약에 따라 "을"은 "갑"에 근무하는 동안 회사의 제규정을 준수하고 부과된 업무를 성실하게 수행하여야 한다.

제 2 조 【신분】
　"을"의 신분에 관한 법적인 적용은 상법상 이사로 한다.

제 3 조 【보수】
　"을"의 연간 보수는 ＿＿＿＿＿＿원정(₩＿＿＿＿＿＿)으로 하며 12분의 1로 나누어 매달 지급한다.

제 4 조 【지급방법 및 시기】
　보수의 지급은 매월 ＿＿＿ 일에 지급한다. 다만 지급기일이 휴일인 때는 그 전일에 지급한다.

제 5 조 【퇴직금 및 기타규정】
　① 임원의 퇴직금은 주주총회에서 결의된 별도의 임원퇴직금지급규정에 의한 금액을 지급한다.
　② 임원이 업무상 사망시 주주총회에서 결의된 유족보상금규정에 의한 금액을 지급한다.

제 6 조 【기밀유지 및 경업금지】
　"을"은 퇴사시 경쟁관계에 있는 회사에 1년간은 취업하거나 직간접 영향을 미쳐서는 아니 되고 "갑"에 근무시 체득한 경영상황, 기술정보, 거래처 명단 등 경영상 비밀이 포함된 회사업무 일체를 제3자한테 누설하지 아니하며 기밀보안유지를 다하기로 한다. 이를 위반할 때에는 갑은 을에게 손해배상 청구를 할 수 있다.

제 7 조 【계약 기간】
　계약기간은 20 년 월 일 ~ 20 년 월 일 (12개월)로 한다. 단, 이사회 결의로 연임 가능하며 이사회의 결의로 해임결정 될 경우 본 계약은 자동 해지된다.

제 8 조 (기 타)
　본 계약서에 명시되지 않은 사항은 상법 및 당사 정관에 준한다.

　위와 같이 계약을 체결하고 계약서 2통을 작성하여 서명 날인 후 "갑"과 "을"이 각각 1통씩 보관한다.

20 년 월 일

　　　　　　　　　법 인 ("갑") :　　　　　　　　(인)
　　　　　　　　　임 원 ("을") :　　　　　　　　(인)

근로자 명부

① 성 명		② 생년월일		
③ 주 소				
④ 부양가족		명	⑤ 종사업무	

이력	⑥ 기능 및 자격		퇴직	⑩ 해고일	년 월 일
	⑦ 최종 학력			⑪ 퇴직일	년 월 일
	⑧ 경 력			⑫ 사 유	
	⑨ 병 역			⑬ 금품청산 등	

⑭ 고용일(계약기간)	년 월 일 (년)	⑮ 근로계약갱신일	년 월 일

⑯ 근로계약조건

⑰ 특기사항(교육, 건강, 휴직 등)

임금대장

관리번호

성 명	생년월일	기능 및 자격	고용연월일	종사업무	임금계산기초사항					가족수당계산기초사항		
					기본시간급	기본일급	기본월급	그 밖의 임금		부양가족수	1인당 지급액	계산시간
구분 월별	근로 일수	근로 시간 수	연장근 로시간 수	휴일근 로시간 수	야간근 로시간 수	식대	연장근 로수당	휴일근 로수당	야간근 로수당	합계	현금	현 품 물 품 명	수량 평가액	총액	공제액	영수액	영수인

[ ] 감시적
[ ] 단속적 근로종사자에 대한 적용제외 승인 신청서

※ [ ]에는 해당되는 곳에 √ 표시를 합니다.

접수번호	접수일	처리기간 10일

신청인	①사업장명		②사업의 종류	
	③대표자성명		④생년월일	
	⑤근로자수		⑥전화번호	
	⑦소재지			

신청 내용	⑧종사업무		
	⑨근로자수	감시적 근로종사자	명 (남: 명, 여: 명)
		단속적 근로종사자	명 (남: 명, 여: 명)
	⑩근로형태	감시적 근로종사자	
		단속적 근로종사자	

「근로기준법」 제63조제3호와 같은 법 시행규칙 제10조제1항에 따라 위와 같이 [[ ] 감시적, [ ] 단속적] 근로종사자에 대한 「근로기준법」 제4장 및 제5장에서 정한 근로시간, 휴게와 휴일에 관한 규정의 적용 제외 승인을 신청합니다.

년   월   일

신청인   (서명 또는 인)
대리인   (서명 또는 인)

○○ 지방고용노동청장 귀하

첨부서류	없 음	수수료 없음

처 리 절 차

신청서 제출	→	접 수	→	내용검토	→	결 재	→	통 보
신청인		지방고용노동청(지청)장 (민원실)		지방고용노동청(지청)장 (근로개선지도과)		지방고용노동청(지청)장 (청장 · 지청장)		

사업장 밖 간주 근로시간제 노사합의서

_____대표이사 _____와(과) 근로자대표 _____은(는) 취업규칙 제00조에 따라, 근로자에 대하여 사업장 밖 근로를 시키는 경우의 근로시간 산정에 관하여 다음과 같이 합의한다.

제1조(대상의 범위) 이 합의서는 영업부 및 판매부에 속하는 사업으로 주로 사업장 밖의 업무에 종사하는 자에게 적용한다.

제2조(인정근로시간) 제1조에 정한 사원이 통상근로시간의 전부 또는 일부를 사업장 밖에 있어서의 업무에 종사하고, 근로시간을 산정하기 어려운 경우에는 휴게시간을 제외하고 1일 00시간을 근로한 것으로 본다.

제3조(휴게시간) 제1조에 정한 직원에 대해 취업규칙 제00조에 정한 휴게시간을 적용한다. 다만, 업무에 따라서는 정해진 휴게시간에 휴게할 수 없는 경우는 별도의 시간대에 소정의 휴게를 부여하는 것으로 한다.

제4조(휴일근로) 제1조에 정한 직원이 특별한 지시에 따라 취업규칙 제00조에 정한 휴일에 근무하는 경우에는 회사는 취업규칙 제00조에 기초하여 휴일근로 가산수당을 지급한다.

제5조(야간근로) 제1조에 정한 직원이 특별한 지시에 따라 야간(22:00~06:00)에 근무한 경우에는 취업규칙 제00조에 기초하여 야간근로 가산수당을 지급한다.

제6조(연장근로) 제2조에 따라 근무로 인정된 시간 중 소정근로시간을 넘는 시간에 대해서는 취업규칙 제00조에서 정한 연장근로 가산수당을 지급한다.

제7조(유효기간) 이 합의서의 유효기간은 20 년 월 일부터 1년간으로 한다.

20 년 월 일

주식회사 ○○ 대표이사 _____(인)   근로자대표 _____(인)

근로시간 연장 [ ] 인가 / [ ] 승인 신청서

※ [ ]에는 해당되는 곳에 √ 표시를 합니다.

접수번호		접수일		처리기간 10일	
신청인	사업장명			사업의 종류	
	대표자성명			전체 근로자 수	명(남　명, 여　명)
	소재지			(전화번호:　　　)	

신청 내용	연장업무의 종류	
	연장사유 발생일	년　월　일
	연장기간	년 월 일부터 년 월 일까지 (일)
	추가 연장근로시간	1주　　시간 ※「근로기준법」 제53조제1항 및 제2항에 따른 1주 12시간을 초과한 연장근로시간을 적습니다.
	추가 연장근로 실시 근로자 수	명(남　　명, 여　　명)
	연장사유	[ ] 재난 또는 이에 준하는 사고가 발생하여 이를 수습하기 위한 조치가 필요하거나 재난등의 발생이 예상되어 이를 예방하기 위하여 긴급한 조치가 필요한 경우 [ ] 인명을 보호하거나 안전을 확보하기 위하여 긴급한 조치가 필요한 경우 [ ] 갑작스런 시설·설비의 장애·고장 등 돌발적인 상황이 발생하여 이를 수습하기 위한 긴급한 조치가 필요한 경우 [ ] 통상적인 경우에 비해 업무량이 대폭적으로 증가한 경우로서 이를 단기간 내에 처리하지 않으면 사업에 중대한 지장이 초래되거나 손해가 발생되는 경우 [ ] 소재·부품 등의 연구개발 등 연구개발을 하는 경우로서 고용노동부장관이 국가경쟁력 강화 및 국민경제 발전을 위하여 필요하다고 인정하는 경우
	근로자 건강 보호를 위한 조치	※ 아래 예시를 참고하여 근로자 건강 보호를 위해 했거나 할 예정인 조치를 적습니다. 근로자의 요청이 있는 경우 「건강검진기본법」 제3조제2호에 따른 건강검진기관에서 건강진단을 받게 하고, 담당 의사의 진료소견에 따라 휴가 부여 등 적절한 조치를 함(공통으로 권고함) [예시] • (건강조치에 관한 사항) 근로자의 요청이 있는 경우 「건강검진기본법」 제3조제2호에 따른 건강검진기관에서 건강진단을 받게 하고, 담당 의사의 진료소견에 따라 휴가 부여 등 적절한 조치를 함(공통으로 권고함) • (연장근로시간에 관한 사항) 추가 연장근로시간을 1주 8시간 이내로 운영 • (연속휴식에 관한 사항) △추가 연장근로일 종료 후 다음 근로일 개시 전까지 연속하여 11시간 이상의 휴식시간 부여 △추가 연장근로를 하는 기간 동안 또는 그 기간 종료 후 추가 연장근로시간에 상당하는 연속한 휴식시간을 부여
	근로시간 연장의 구체적인 사유	

「근로기준법」 제53조제4항과 같은 법 시행규칙 제9조제2항에 따라 위와 같이 신청합니다.

년　월　일

신청인　　(서명 또는 인)
대리인　　(서명 또는 인)

○○ 지방고용노동청장 귀하

첨부서류	1. 근로자의 동의서 사본 1부 2. 근로시간 연장의 특별한 사정이 있음을 증명할 수 있는 서류 사본 1부	수수료 없음

처 리 절 차

신청서 제출 ➡ 접 수 ➡ 검 토 ➡ 결 재 ➡ 통 보
신청인　　지방고용노동청(지청)　　지방고용노동청(지청)　　지방고용노동청(지청)장

224　잘되는 회사는 분명 특별한 이유가 있다

특별연장근로 동의서

_____은(는) 특별한 사정의 발생으로 근로기준법 제53조제4항 따라 1주 12시간의 법정 연장근로시간을 초과한 추가 연장근로(특별연장근로)를 아래와 같이 운영하고자 합니다.

* (근로기준법 제53조제4항) 사용자는 특별한 사정이 있으면 고용노동부장관의 인가와 근로자의 동의를 받아 제1항과 제2항의 근로시간을 연장할 수 있다. 다만, 사태가 급박하여 고용노동부장관의 인가를 받을 시간이 없는 경우에는 사후에 지체 없이 승인을 받아야 한다.

1. 특별한 사정(사유)	근로기준법 시행규칙 제9조제1항 제 0 호 해당
2. 업무의 종류	
3. 특별연장근로 기간	년 월 일 ~ 년 월 일 (일간)
4. 추가 연장근로시간 한도(주당)	시간
5. 건강 보호 조치	근로자의 요청이 있는 경우 「건강검진기본법」 제3조제2호에 따른 건강검진기관에서 건강진단을 받게 하고, 담당 의사의 진료소견에 따라 휴가 부여 등 적절한 조치를 함

※ 상기 2~4의 사항은 관할 지방고용노동관서의 인가(승인) 과정에서 조정될 수 있음

이에, 다음의 대상 근로자는 상기 특별연장근로의 기간, 주당 추가 연장근로시간 등을 확인하였으며, 이에 따라 특별연장근로를 실시함에 동의합니다.

년 월 일

(뒤쪽)

< 특별연장근로 적용 대상 개별동의서 >

아래의 대상 근로자는 근로기준법 제53조제4항에 따라 1주 12시간의 법정 연장근로 시간을 초과한 추가 연장근로(특별연장근로)를 실시함에 동의합니다.

연번	부서명	성명	연령	특별연장근로 기간 담당 업무	서명
1					
2					
3					
4					
5					
6					
7					
8					
9					
10					
11					

임 금 명 세 서

지급일 : 0000-00-00

성명		생년월일(사번)	
부서		직급	

세부 내역			
지 급		공 제	
임금 항목	지급 금액	공제 항목	공제 금액
매월 지급			
격월 또는 부정기 지급			
지급액 계		공제액 계	
		실수령액	

근로일수	총 근로시간수	연장근로시간수	야간근로시간수	휴일근로시간수

계산 방법		
구분	산출식 또는 산출방법	지급액
연장근로수당		
야간근로수당		
휴일근로수당		
근로소득세		
국민연금		
고용보험		
건강보험		
장기요양보험		

※ 해당 사업장 상황에 따라 기재가 필요없는 항목이 있을 수 있습니다.

[작성례]

임 금 명 세 서

지급일 : 0000-00-00

성명		생년월일(사번)	
부서		직급	

세부 내역

지 급			공 제	
임금 항목		지급 금액	공제 항목	공제 금액
매월 지급	기본급		소득세	
	연장근로수당		주민세	
	가족수당		국민연금	
	정근수당		고용보험	
	식대		건강보험	
격월 또는 부정기 지급	상여금		장기요양보험	
	명절상여금		노동조합비	
	근속수당		환급/기타공제	
	성과급		...	
지급액 계			공제액 계	
			실수령액	

근로일수	총 근로시간수	연장근로시간수	야간근로시간수	휴일근로시간수
21	238	25	5	4

계산 방법

구분	산출식 또는 산출방법	지급액
연장근로수당	25시간×통상시급×1.5	
야간근로수당	5시간×통상시급×0.5	
휴일근로수당	4시간×통상시급×1.5	
근로소득세	간이세액표 적용	
국민연금	취득신고 월보수×4.5%	
고용보험	과세대상임금×0.8%	
건강보험	과세대상임금×3.43%	
장기요양보험	건강보험료×11.52%	

※ 해당 사업장 상황에 따라 기재가 필요없는 항목이 있을 수 있습니다.

성실근무각서

작성인 :   (주소)

상기 본인은 재직 중 신의성실에 따라 사규를 준수하고 성실하게 근무할 것을 서약합니다.

1. 회사 제품과 시설에 자부심을 가지고 손실을 끼치지 않도록 주의한다.
2. 주어진 시간에 성실하게 출퇴근하여 생산 차질을 초래하지 아니한다. 또한 사직 시 최소 30일 전에 회사에 알려주어 업무 공백을 초래하지 않도록 한다.
3. 회사와 동료를 비방하거나 허위사실로 선동하지 아니한다.
4. 회사의 취업자 또는 영업에 관한 정보를 악용하여 불법행위를 하지 아니하며 정보를 이용하여 개인적 이득을 취할 경우 전액을 보상한다.

상기 1항, 2항, 4항의 위반시 그로 인한 회사의 손실에 대하여 본인이 배상액을 급여공제하고, 사후에라도 회사가 민사소송을 제기하더라도 소송의 손해액을 인정하기로 한다.
단, 회사가 근로자의 책임없는 청구 또는 급여공제한 것으로 밝혀질 경우 이를 반환하고 소정의 위자료를 지급할 수 있다.

20   년   월   일

작성인   서명

㈜ 0000 대표 000 귀하

연차휴가 사용대장

번호	성명	입사일	당해년도 발생연차	총연차 휴가일수	연차휴가사용내역													미사용 연차휴가일수
					1	2	3	4	5	6	7	8	9	10	11	12	
1																	
2																	
3																	
4																	
5																	
6																	
7																	
8																	
9																	
10																	
11																	
12																	
13																	
14																	
15																	
16																	
17																	
18																	
19																	
20																	

잘되는 회사는 분명 특별한 이유가 있다

휴가 사용 신청서

1. 신 청 인 : 1) 성 명:
             2) 소 속:
2. 사   유 :
3. 기   간 :   년   월   일부터   년   월   일까지
                        (일간)

본인이 적치한 연차 유급 휴가일 중에 위와 같이 연차 휴가를 사용하고자 신청합니다.

                              년   월   일

                         신 청 인   (인)

팀장	대표

연소근로자(18세 미만인 자)표준근로계약서

_____ (이하 "사업주"라 함)과(와) _____(이하 "근로자"라 함)은 다음과 같이 근로계약을 체결한다.

1. 근로개시일 :   년   월   일부터
   ※ 근로계약기간을 정하는 경우에는 "   년   월   일부터   년   월   일까지" 등으로 기재
2. 근 무 장 소 :
3. 업무의 내용 :
4. 소정근로시간 : ___시 ___분부터 ___시 ___분까지 (휴게시간 : 시 분 ~ 시 분)
5. 근무일/휴일 : 매주 ___일(또는 매일단위)근무, 주휴일 매주 ___요일
6. 임 금
   - 월(일, 시간)급 : _____ 원
   - 상여금 : 있음 ( ) _____ 원, 없음 ( )
   - 기타급여(제수당 등) : 있음 ( ), 없음 ( )
     · _____원, _____원
     · _____원, _____원
   - 임금지급일 : 매월(매주 또는 매일) ____일(휴일의 경우는 전일 지급)
   - 지급방법 : 근로자에게 직접지급( ), 근로자 명의 예금통장에 입금( )
7. 연차유급휴가
   - 연차유급휴가는 근로기준법에서 정하는 바에 따라 부여함
8. 가족관계증명서 및 동의서
   - 가족관계기록사항에 관한 증명서 제출 여부: _____
   - 친권자 또는 후견인의 동의서 구비 여부 : _____
9. 사회보험 적용여부(해당란에 체크)
   □ 고용보험 □ 산재보험 □ 국민연금 □ 건강보험
10. 근로계약서 교부
    - 사업주는 근로계약을 체결함과 동시에 본 계약서를 사본하여 근로자의 교부요구와 관계없이 근로자에게 교부함(근로기준법 제17조, 제67조 이행)
11. 근로계약, 취업규칙 등의 성실한 이행의무
    - 사업주와 근로자는 각자가 근로계약, 취업규칙, 단체협약을 지키고 성실하게 이행하여야 함
12. 기 타
    - 이 계약에 정함이 없는 사항은 근로기준법령에 의함

년   월   일

(사업주) 사업체명 :   (전화 :   )
         주 소 :
         대 표 자 :   (서명)
(근로자) 주 소 :
         연 락 처 :
         성 명 :   (서명)

친권자(후견인) 동의서

○ 친권자(후견인) 인적사항
    성　　명 :
    생년월일 :
    주　　소 :
    연 락 처 :
    연소근로자와의 관계 :

○ 연소근로자 인적사항
    성　　명 :　　　　　　　　(만　　세)
    생년월일 :
    주　　소 :
    연 락 처 :

○ 사업장 개요
    회 사 명 :
    회사주소 :
    대 표 자 :
    회사전화 :

  본인은 위 연소근로자 ＿＿＿＿＿＿ 가 위 사업장에서 근로를 하는 것에 대하여 동의합니다.

년　월　일

친권자(후견인)　　　　(인)　　

첨　부 : 가족관계증명서 1부

15세 미만인 자의 취직인허증 [ ] 교부 / [ ] 재교부 신청서

※ [ ]에는 해당되는 곳에 √ 표시를 합니다.
※ 뒤쪽의 작성방법을 읽고 작성하여 주시기 바랍니다.   (앞쪽)

접수번호	접수일	처리기간 3일

15세 미만인 자	성명		주민등록번호	
	주소			

사용자 (사용자가 될 자)	사업장명	사업의 종류	
	대표자 성명	주민등록번호	
	소재지		(전화번호:)
	15세 미만인 자의 종사업무	임금	
	근로시간	사용기간	

학교장	학교명	
	소재지	(전화번호:)
	수업시간	
	의견	

친권자 또는 후견인	성명		주민등록번호	
	주소			(전화번호:)
	15세 미만인 자와의 관계		동의여부	

「근로기준법」제64조제1항과 같은 법 시행령 제35조·제39조 및 같은 법 시행규칙 제11조제1항·제2항에 따라 위와 같이 15세 미만인 자의 취직인허증의 { [ ] 교부, [ ] 재교부 }를 신청합니다.

20   년   월   일

사용자(사용자가 될 자)   (서명 또는 인)
15세 미만인 자   (서명 또는 인)

○○ 고용노동청장 귀하

첨부서류	취직인허증을 못쓰게 되거나 잃어버리게 된 사유서(재교부를 신청하는 경우에만 첨부)	수수료 없음

[ ] 임산부   의 [ ] 교부   근로 인가 신청서
[ ] 18세 미만인 자   [ ] 재교부

※ [ ]에는 해당되는 곳에 √ 표시를 합니다.

접수번호	접수일	처리기간 3일

신청인	사업장명		사업의 종류	
	대표자 성명		생년월일	
	소재지		(전화번호 :)	

신청내용	신청이유			
	사유발생일		종사업무	
	인가기간		근로형태	
	인가대상 근로자수	야간근로	명 (남 명, 여 명)	
		휴일근로	명 (남 명, 여 명)	

「근로기준법」 제70조제2항 단서와 같은 법 시행규칙 제12조제1항에 따라 위와 같이 [[ ] 임산부, [ ] 18세 미만인 자]의 [[ ] 야간, [ ] 휴일] 근로에 대한 인가를 신청합니다.

년   월   일

신청인   (서명 또는 인)
대리인   (서명 또는 인)

○ ○ 지방고용노동청(지청)장 귀하

첨부서류	1. 해당 근로자의 동의서나 청구서 사본 2. 법 제70조 제3항에 따른 근로자 대표와의 협의 결과 사본	수수료 없음

처 리 절 차

신청서 제출 ➡ 접 수 ➡ 검 토 ➡ 결 재 ➡ 통 보

신청인 / 지방고용노동청(지청)장 (민원실) / 지방고용노동청(지청) (근로개선지도과) / 지방고용노동청(지청)장 (청장·지청장)

동 의 서

　　년　 월　 일자로 제시된 취업규칙을 열람하고 동 규정에 대하여 이의가 없기에 아래와 같이 서명합니다.

직 책	성 명	날 인	직 책	성 명	날 인

의 견 청 취 서

(   ) 취업규칙은 근로자 과반수의 의견을 청취하였음을 증명하는 자료로 의견내용을 제출합니다.

연 번	성 명	의 견 내 용
1		
2		
3		
4		
5		
6		
7		
8		
9		
10		
11		
12		
13		
14		
15		
16		
17		
18		
19		
20		

취업규칙 [ ] 신고서
[ ] 변경신고서

※ [ ]에는 해당되는 곳에 √ 표시를 합니다.

접수번호	접수일	처리기간 1일

신청인	사업장명		사업의 종류	
	대표자성명		생년월일	
	소재지		(전화번호 :)	
	근로자수 명 (남 명, 여 명)		노동조합원수 명	
	의견청취일 또는 동의일 년 월 일			

「근로기준법」 제93조와 같은 법 시행규칙 제15조에 따라 위와 같이 취업규칙을 [ ] 신고, [ ] 변경신고 합니다

년 월 일

신청인 (서명 또는 인)

대리인 (서명 또는 인)

○○ 지방고용노동청(지청)장 귀하

첨부서류	1. 취업규칙 (변경신고 하는 경우에는 변경 전과 변경 후의 내용을 비교한 서류를 포함한다) 2. 근로자의 과반수를 대표하는 노동조합 또는 근로자 과반수의 의견을 들었음을 증명하는 자료 3. 근로자의 과반수를 대표하는 노동조합 또는 근로자 과반수의 동의를 받았음을 증명하는 자료 (근로자에게 불리하게 변경하는 경우에만 첨부합니다.)	수수료 없음

처 리 절 차

신청서 제출	➡	접 수	➡	내용검토	➡	결 재	➡	통 보
신청인		지방고용노동청(지청)장 (민원실)		지방고용노동청(지청)장 (근로개선지도과)		지방고용노동청(지청)장 (청장·지청장)		

사 직 서

성 명 :

주민번호 :

입사일자 :

사직사유 :

상기 본인은 개인적인 사정으로 업무진행이 불가하여 사직서를

제출합니다.

20 년 월 일

신청인   인

지 급 확 인 서 (퇴직금)

_____귀하

당사는 근로자퇴직급여보장법 제9조(퇴직금의 지급)에 따라 다음과 같이 귀하의 퇴직금을 지급할 것을 확약합니다.

인적사항	성 명		주민등록번호	
	주 소			
퇴직금내역	퇴직일자	20 년 월 일		
	지급예정일	20 년 월 일		
	퇴 직 금			원
	공 제 액			원
	실지급금			원

※ 사용자는 근로자가 퇴직한 경우 지급사유가 발생한 날로부터 14일 이내 퇴직금을 지급하여야 한다.
다만, 특별한 사정이 있는 경우에는 당사자간의 합의에 의하여 지급 기한을 연장할 수 있다.

20 년 월 일

근 로 자   (인)

㈜ 0000 대표이사 000

	제 차(정기·임시) 노사협의회 회의록	문서번호	
		페이지번호	
		작성자	
		작성일자	

회의일시	
회의장소	
협의사항	
의결사항	
기타 참고사항, 전분기 의결된 사항 이행사항	

참석위원서명	근로자위원	서 명	사용자위원	서 명

노사협의회 위원 및 고충처리위원 선임확인서

당사의 노사협의회 위원 및 고충처리위원을 아래와 같이 선임합니다.

- 아 래 -

위 원	소 속	직 위	성 명	비 고
근로자위원				
사용자위원				
고충처리위원				

20 년 월 일

○○산업   대표이사   (인)

노사협의회 규정

제1장 총 칙

제1조【목 적】
　이 규정은 ○○주식회사(이하 "회사"라 한다)의 사용자 측에서 위촉한 사용자위원과 노동조합에서 위촉한 근로자위원이 노사협의회(이하 "협의회"라 한다)를 구성하고 원활한 의사소통을 통하여 상호간의 이해와 협조를 증진함으로써 노사 공동이익 구현 및 회사의 발전을 도모하기 위함을 목적으로 한다.

제2조【평 등】
　이 협의회는 노사쌍방간의 상호평등한 인격존중과 신의성실에 입각하여 협의 또는 운영되어야 하며 강제수단은 개입할 수 없다.

제2장 협의회의 구성 및 기능

제3조【구 성】
　1. 이 협의회는 근로자와 사용자를 대표하는 각각 3인 이상 10인 이내의 동수의 위원으로 구성한다.
　2. 사용자를 대표하는 위원(이하"사용자위원"이라 한다)은 사장과 사장이 위촉한 자로 한다.
　3. 근로자를 대표하는 위원(이하"근로자위원"이라 한다)은 노동조합위원장과 노동조합이 위촉한 자로 한다.
　4. 사용자위원 또는 근로자위원에 결원이 생긴 때에는 30일 이내에 보궐위원을 임명 또는 위촉하여야 한다.

제4조【의장, 부의장】
　1. 협의회에 의장과 부의장 각 1인을 두며, 의장과 부의장은 위원 중에서 호선한다.
　2. 의장은 협의회를 대표하며, 회무를 관할한다.
　3. 부의장은 의장의 유고시에 의장을 대리한다.

제5조【위원의 임기】
　　1. 위원의 임기는 1년으로 하되, 연임할 수 있다.
　　2. 보궐위원의 임기는 전임자의 잔임기간으로 한다.
　　3. 위원은 그 임기가 만료된 경우라도 그 후임자가 선출될 때까지 계속 그 직무를 담당한다.

제6조【위원의 결격사유】
　　1. 다음 각 호에 해당하는 자는 근로자위원이 될 수 없다.
　　　　1) 당사의 근로자가 아닌 자
　　　　2) 선출일을 기준으로 하여 만 20세에 달하지 아니한 자
　　　　3) 금고 이상의 형을 받고 그 집행이 종료되거나 집행을 받지 아니하기로 확정된 후 2년이 경과되지 아니한 자
　　　　4) 당사에 1년 이상 근속하지 아니한 자
　　　　5) 노동조합의 임원으로서 행정관청의 해산명령 또는 임원개선명령을 받은 후 3년이 경과되지 아니한 자
　　2. 다음 각 호에 해당하는 자는 사용자위원이 될 수 없다.
　　　　1) 이 회사의 노사관계결정에 직접 관련이 없는 자
　　　　2) 임명일을 기준으로 하여 만 20세에 달하지 아니한 자
　　　　3) 금고 이상의 형을 받고 그 집행이 종료되거나 집행을 받지 아니하기로 확정된 후 2년이 경과되지 아니한 자
　　　　4) 부당노동행위의 구제명령을 받고 이에 불응하거나 임금의 체불 기타 근로기준법 위반으로 기소된 사실이 있는 자. 단, 최고경영자는 예외로 한다.

제7조【위원의 신분】
　　1. 위원은 비상임, 무보수로 한다.
　　2. 사용자는 협의회위원으로서의 임무수행과 관련하여 근로자위원에게 불이익한 처분을 하여서는 아니 된다.
　　3. 위원의 위원회참석에 소요되는 시간은 근무한 것으로 본다.

제8조【간　사】
　　회사와 지부 쌍방은 이 협의회의 회무를 보조할 간사를 각각 1인씩 둔다.

제3장 협의회

제9조 【회 의】
  1. 협의회는 3개월마다 정기적으로 개최하며 필요시에는 수시로 협의회를 개최할 수 있다.
  2. 협의회 개최요구통고는 개최예정일 7일 전에 상정의안, 협의회개최 일시와 장소 등을 명시하여 각 위원에게 통보하여야 한다.
  3. 노사협의회의 매회기는 개최일로부터 합의 종료일까지로 한다.

제10조 【정족수】
  회의는 근로자위원과 사용자위원의 각 과반수의 출석으로 개최하고 출석위원 3분의 2 이상의 찬성으로 의결한다.

제11조 【회의의 공개 및 비밀유지】
  1. 협의회의 회의는 공개한다. 다만, 협의회의 의결에 의하여 공개하지 아니할 수 있다.
  2. 협의회의 위원은 협의회에서 지득한 비밀을 누설하여서는 아니 되며, 누설한 위원은 협의회에서 제명할 수 있다. 다만, 비밀의 범위는 협의회에서 정한다.

제12조 【의안상정 및 처리】
  1. 협의회의 상정의안은 상호간에 사전통고된 의안에 한한다.
  2. 쌍방 합의에 따라 제안설명이나 의결청취를 위하여 위원 이외에 관계자를 출석시켜 조언하게 할 수 있다.
  3. 상정의안은 쌍방 합의에 의하여 처리한다.

제13조 【협의사항】
  협의회는 다음 각 호에 해당하는 사항을 협의한다.
  1. 생산성 향상 및 복지증진에 관한 사항
  2. 근로자의 교육훈련에 관한 사항
  3. 노사분규예방에 관한 사항
  4. 근로자의 고충처리에 관한 사항
  5. 안전, 보건 기타 작업환경 개선에 관한 사항
  6. 인사, 노무관리의 합리적 운영을 위한 제도개선에 관한 사항

7. 기타 노사협조에 관한 사항

제14조【보고사항】
　　1. 사용자는 지역협의회의 정기회의에 다음 각 호에 해당하는 사항에 관하여 성실하게 보고, 설명하여야 한다.
　　　　1) 경영방침 및 실적에 관한 사항
　　　　2) 분기별 생산계획 및 실적에 관한 사항
　　　　3) 인력계획에 관한 사항
　　　　4) 기업의 경제적·재정적 상황
　　2. 근로자위원은 근로자의 요구사항을 보고·설명할 수 있다.

제15조【제3자 개입금지】
　　직접 근로관계를 맺고 있는 근로자나 당해 노동조합 또는 법령에 의해 정당한 권한을 갖는 자를 제외하고는 누구든지 협의회 운영에 관하여 사용자위원 또는 근로자위원을 조종, 선동, 방해하거나 기타 영향을 미칠 목적으로 개입하는 행위를 하여서는 아니 된다.

제16조【회의록】
　　회의록은 매분기별로 의사진행측의 간사가 다음의 사항을 작성하여 3년간 보존하여야 한다.
　　1. 개최일시 및 장소
　　2. 출석위원
　　3. 협의내용 및 합의사항
　　4. 기타 토의사항

제4장 합의사항처리

제17조【공　지】
　　협의회는 합의된 사항을 신속히 근로자에게 공지시켜야 한다.

제18조【합의사항】
　　노사협의회의 합의사항(별지서식 제1호)은 문서로서 작성하되 2통을 작성하여 노사 양측이 각각 1통씩 보관한다.

제19조【합의사항준수】
 노사협의회의 합의사항은 쌍방간 최선의 노력과 협력으로 준수·이행하여야 한다.

제20조【선동금지】
 협의회는 단체교섭의 장소로 이용될 수 없으며, 합의되지 않음을 이유로 노사쌍방의 불신을 초래하거나 근로자들을 선동하는 행위를 하여서는 아니 된다.

제21조【재협의금지】
 노사 쌍방은 합의된 사항에 대하여 특별한 사정이 있는 경우를 제외하고는 당해년도 내에 동일사항의 재협의를 요청할 수 없다.

제5장 고충처리

제22조【고충처리위원】
 1. 근로자의 고충을 청취하고 이를 처리하기 위하여 협의회 위원 중에서 노사를 대표하는 3인 이내의 고충처리위원을 둔다.
 2. 고충처리에 필요한 세부사항은 별도로 정한다.

부 칙

제1조【개 정】
이 규정의 개정은 이 협의회를 통한 노사 쌍방 간의 협의에 의한다.
제2조【시행일】
이 규정은 20 년 월 일부터 시행한다.

【별지서식 제1호】 노사협의서 합의사항【별지서식 제1호】제○차 노사협의회 합의사항
【별지서식 제1호】제○차 노사협의회 합의사항

제○차 노사협의회 합의사항

회의일시	20 년 월 일 (○요일) ○○:○○
회의장소	
협의사항	
의결사항	
의결된 사항 및 그 이행에 관한 사항	
기타 참고사항, 전분기 의결된 사항 이행사항	

참석위원서명	사용자위원	서 명	근로자위원	서 명

노사협의회 운영규정

이 규정은 고용노동부에서 작성한 노사협의회 운영규정으로,
규정 작성 시 참고로 하면 도움이 될 것입니다.(2011년 6월 개정)

> 본 노사협의회 운영규정은 예시안으로 법적인 구속력을 갖지 않습니다. 따라서 개별기업은 이 예시안을 참조하여 각 기업의 여건에 맞는 자체적인 규정안을 마련해야 합니다.
>
> 개별기업에서 노사협의회운영규정을 제정할 시에는 「근로자참여및협력증진에관한법률」의 내용과 배치되는 내용이 포함되어서는 안 되며 운영규정안에 다음 내용이 반드시 포함되어야 합니다.
> 1. 노사협의회의 위원 수
> 2. 근로자위원의 선출절차 및 후보등록에 관한 사항
> 3. 사용자위원의 자격에 관한 사항
> 4. 법 제9조 제3항에 따라 협의회 위원이 근로한 것으로 보는 시간에 관한 사항
> 5. 노사협의회의 회의소집, 회기, 기타 노사협의회 운영에 관한 사항
> 6. 「근로자참여및협력증진에관한법률」 제24조의 규정에 의한 임의중재의 방법 및 절차에 관한 사항
> 7. 고충처리위원 및 고충처리에 관한 사항
>
> 이 예시안의 내용 중 일부는 법정사항이 아닌 임의사항으로 개별기업의 특성을 감안하여 조정하거나 필요한 내용은 추가할 수 있음.

제1장 총 칙

제1조【목 적】

본 규정은 근로자와 사용자 쌍방이 이해와 협조를 통하여 노사공동의 이익을 증진함으로써 기업의 발전과 근로자 복지증진에 기여함을 목적으로 한다.

제2조【명칭 및 소재】
노사협의회(이하 "협의회"라 한다)는 본사 및 각 사업장에 설치하고 명칭은 다음과 같이 정한다.

설치장소	본 사	제1공장	제2공장	제3공장
명 칭	전사협의회	○○공장 협의회	○○공장 협의회	○○공장 협의회

제3조【신의성실의 의무】
근로자와 사용자는 상호신뢰를 바탕으로 성실하게 협의에 임하여야 한다.

제4조【노동조합과의 관계】
노동조합의 단체교섭 및 기타 모든 활동은 이 규정에 의하여 영향을 받지 않는다.

제5조【사용자의 의무】
1. 사용자는 근로자위원의 선출에 개입하거나 방해해서는 안 된다.
2. 사용자는 근로자위원의 업무를 위하여 장소제공 등 기본적인 편의를 제공한다.

제2장 협의회의 구성

제6조【협의회의 구성】
1. 협의회는 근로자와 사용자를 대표하는 각 ○인의 위원으로 구성한다.
   ※ 노사협의회 위원은 노사동수로 구성하되 노사 각 3인 이상 10인 이내 (근로자참여및협력증진에관한법률 제6조 제1항)
2. 근로자를 대표하는 위원(이하 "근로자위원"이라 한다)은 근로자가 선출한다.
3. 사용자를 대표하는 위원(이하 "사용자위원"이라 한다)은 다음과 같다.
   1) ○○○ 대표이사
   2) ○○○ 공장장
   3) ○○○ 관리담당중역

4) ○○○ 인사노무부서 부서장

5) 기타 대표이사가 위촉하는 임직원 ○○○

제7조【의 장】

1. 협의회의 의장은 위원 중에서 호선한다. 이 경우 근로자위원과 사용자위원 중 각 1인을 공동의장으로 한다.
2. 의장은 협의회를 대표하며 회의업무를 총괄한다.
3. 의장의 임기는 ○년으로 한다.

제8조【간 사】

1. 노사 쌍방은 회의의 기록 등 사무를 담당하는 간사 1인을 각각 둔다.
2. 간사는 근로자위원 및 사용자위원 중에서 각각 호선하여 선출된 자로 한다.

제9조【위원의 임기】

1. 위원의 임기는 3년으로 하되 연임할 수 있다.
2. 보궐위원의 임기는 전임자의 남은 기간으로 한다.
3. 위원의 협의회 출석시간에 대하여는 근로한 것으로 본다. 아울러, 협의회 출석과 직접 관련된 협의회 출석을 위한 이동시간 및 자료검토시간(회의 1회당 최대 ○시간)에 대해서도 근로한 것으로 본다.

제10조【위원의 신분】

1. 위원은 비상임 무보수로 한다.
2. 위원의 협의회 출석시간에 소요되는 시간에 대하여는 근로한 것으로 본다.아울러, 협의회 출석과 직접 관련된 협의회 출석을 위한 이동시간 및 자료검토시간(회의 1회당 최대 4시간)에 대해서도 근로한 것으로 본다.

제11조【실무소위원회】

1. 협의회는 상정된 안건의 사전심의를 위하여 실무소위원회를 구성할 수 있다.
2. 실무소위원회는 노사위원 각각 2인으로 구성한다.
3. 노사일방의 협의회대표는 실무소위원회의 개최가 필요하다고 인정되는 경우 상대방에게 ○일 전까지 통보하여야 한다.다만, 긴급하거나 신속한 결정이 요구되는 경우는 예외로 한다.

제3장 근로자위원 선출

제12조【선거관리위원회 구성】
　1. 근로자위원 선출에 관한 선거관리위원회(이하 "선관위"라 한다)는 ○인 이내의 위원으로 구성한다.
　2. 선관위는 선거공고일부터 ○일 전에 구성한다.

제13조【선거관리위원회의 임무】
　선관위의 임무는 다음 각 호와 같다.
　1. 선거 및 일정공고
　2. 투표 및 입후보자 등록 등에 관한 사항
　3. 당선자 결정에 관한 사항
　4. 기타 선거와 관련된 사항

제14조【선거관리위원 선출】
　선거관리위원은 선거관리에 참여를 희망하는 근로자 중에서 추첨에 의하여 결정한다.

제15조【선거일】
　근로자위원 선거는 근로자위원 임기만료일 ○일 이전에 실시한다.

제16조【후보 등록】
　1. 근로자위원에 입후보하고자 하는 자는 당해 사업장의 근로자 10인 이상의 추천(복수추천 가능)을 받아 선관위에 등록하여야 한다.
　2. 선거관리위원은 공정한 투표관리를 위하여 근로자위원에 입후보할 수 없다.

제17조【근로자위원 선출】
　1. 근로자위원은 직접·비밀·무기명투표에 의하여 선출한다.
　2. 근로자위원은 부서별 인원비례에 따라 배정된 인원을 선출하되 당선자는 투표결과 다득표자 순으로 한다.
　3. 득표수가 같을 때에는 장기근속자, 연장자 순으로 당선자를 결정한다.

제18조【보궐선거】
　1. 근로자위원에 결원이 생긴 때에는 결원이 발생한 날부터 ○일 이내에 보궐선거를 실시한다.

2. 제1항에 불구하고 제17조에 의한 근로자위원으로 선출되지 못한 자 중 다수득표자 순에 의한 차점자 명부를 작성 보관하고 근로자위원의 결원을 보궐선거 없이 명부상 서열에 따라 충원할 수 있다.

제4장 협의회의 운영

제19조【협의회 회의】
1. 협의회의 정기회의는 매분기 말월 첫째 주에 개최한다.
2. 협의회는 노사대표가 안건을 제기하는 경우 임시회의를 개최할 수 있다.
3. 협의회의 회기는 협의회 개최공고 시 정하여 공고한다.

제20조【회의소집】
1. 협의회의 회의는 의장이 소집한다.
2. 의장은 노사일방의 대표자가 회의의 목적 등을 문서로 명시하여 회의의 소집을 요구할 때에는 이에 응하여야 한다.
3. 의장은 회의 개최 ○일 전에 회의일시, 장소, 의제 등을 각 위원에게 통보하여야 한다.

제21조【사전 자료 제공】
근로자위원은 회의의제로 통보된 의제 중 협의사항 및 의결사항과 관련된 자료를 협의회 회의 개최 전에 사용자에게 요구할 수 있으며 사용자는 이에 성실히 응하여야 한다. 다만, 그 요구 자료가 기업의 경영 영업상의 비밀 또는 개인정보에 해당하는 경우에는 그러하지 아니한다.

제22조【정족수】
회의는 근로자위원과 사용자위원의 각 과반수의 출석으로 개최하고 출석위원 ○% 이상의 찬성으로 의결한다.

제23조【회의의 공개】
협의회 회의는 공개한다. 다만, 출석위원 과반수의 의결이 있는 경우 비공개할 수 있다.

제24조【비밀유지】
1. 협의회의 위원은 협의회에서 지득한 비밀을 누설하여서는 아니 된다. 다만, 비밀의 범위는 매 회의에서 정한다.

2. 협의회위원이 비밀을 누설한 경우에는 징계위원회에 회부한다.

제25조 【회의록 비치】

1. 회의록은 노사쌍방의 간사 중 1인이 작성하여 각 1부씩 보관한다.
2. 협의회는 다음 각 호의 사항을 기록한 회의록을 작성 비치한다.
   1) 개최일시 및 장소
   2) 출석위원
   3) 협의내용 및 의결사항
   4) 기타 토의사항
3. 회의록에는 출석위원 전원이 서명하거나 날인한다.
4. 회의록은 작성일부터 3년간 보존한다.

제5장 협의회의 임무

제26조 【협의사항】

1. 협의회는 다음 각 호의 1에 해당하는 사항을 협의한다.
   1) 생산성 향상과 성과배분
   2) 근로자의 채용 배치 및 교육훈련
   3) 근로자의 고충처리
   4) 안전 보건 그 밖의 작업환경 개선과 근로자의 건강증진
   5) 인사 노무관리의 제도개선
   6) 경영상 또는 기술상의 사정으로 인한 인력의 배치전환 재훈련 해고 등 고용조정의 일반원칙
   7) 작업 및 휴게시간의 운용
   8) 임금의 지불방법 체계 구조 등의 제도개선
   9) 신기계 기술의 도입 또는 작업공정의 개선
   10) 작업수칙의 제정 또는 개정
   11) 종업원 지주제 기타 근로자의 재산형성에 관한 지원
   12) 직무발령 등과 관련하여 당해근로자에 대한 보상에 관한 사항
   13) 근로자의 복지증진
   14) 사업장 내 근로자 감시설비의 설치

15) 여성근로자의 모성보호 및 일과 가정생활의 양립을 지원하기 위한 사항
16) 「남녀고용평등과일·가정양립지원에관한법률」 제2조제2호에 따른 직장 내 성희롱 및 고객 등에 의한 성희롱 예방에 관한 사항
17) 그 밖의 노사협조에 관한 사항

2. 협의회는 제1항의 각 22조의 사항에 대하여 의결할 수 있다

제27조【의결사항】

회사는 다음 각 항의 1에 해당하는 사항에 대해서는 협의회의 의결을 거쳐야 한다.
1. 근로자의 교육훈련 및 능력개발 기본계획의 수립
2. 복지시설의 설치와 관리
3. 사내근로복지기금의 설치
4. 고충처리위원회에서 의결되지 아니한 사항
5. 각종 노사공동위원회의 설치

제28조【보고사항】

1. 사업주는 정기회의에 다음 각 호의 1에 해당하는 사항에 관하여 성실하게 보고, 설명하여야 한다.
   1) 경영계획 전반 및 실적에 관한 사항
   2) 분기별 생산계획 및 실적에 관한 사항
   3) 인력계획에 관한 사항
   4) 기업의 경제적 재정적 현황
2. 근로자위원은 제1항의 규정에 의한 보고 설명을 이행하지 아니하는 경우에는 제1항의 각 호에 관한 자료의 제출을 요구할 수 있으며, 사업주는 이에 성실히 응해야 한다.
3. 근로자위원은 근로자의 요구사항을 보고 설명할 수 있다.

제29조【의결된 사항 등의 공지】

1. 의장은 협의회에서 의결된 사항을 ○일 이내에 공고하여야 한다.
2. 협의회는 협의회 운영에 관한 사항을 간행물, 전용게시판 등의 방법으로 안내하여야 한다.

제30조【의결된 사항의 이행】
　　근로자와 사용자는 협의회에서 의결된 사항을 성실하게 이행하고 그 결과를 상호 신속히 통보하여야 한다.

제31조【임의중재】
　　1. 협의회는 노사대표 각 ○명으로 중재위원회를 구성할 수 있다.
　　2. 중재위원회는 다음 각 호의 사항에 대하여 중재한다.
　　　　1) 제26조에 규정된 사항에 관하여 협의회가 의결하지 못한 경우
　　　　2) 협의회에서 의결된 사항의 해석 또는 이행방법 등에 관하여 의견이 불일치가 있는 경우
　　　　3) 기타 중재가 필요한 경우
　　3. 제2항의 규정에도 중재가 성립하지 않을 경우에는 노동위원회에 중재신청을 할 수 있다.
　　4. 제2항 및 제3항의 규정에 의한 중재결정이 있는 때에는 협의회의 의결을 거친 것으로 보며 근로자와 사용자는 이에 따라야 한다.

　　제6장 고충처리

제32조【고충처리위원회】
　　1. 근로자의 고충을 청취하고 이를 처리하기 위하여 고충처리위원회를 설치 운영한다.
　　2. 고충처리위원회는 사업장 단위로 설치한다.

제33조【고충처리위원회의 구성】
　　1. 고충처리위원은 협의회 위원 중에서 호선하여 노사 각 1명의 위원으로 구성한다.
　　※ 고충처리위원은 노사를 대표하는 ○명 이내의 위원으로 구성
　　2. 고충처리위원의 임기는 ○년으로 한다.
　　3. 사원 고충사항을 효과적으로 처리하기 위해 상담원과 사외 상담원을 둘 수 있다. 이때 사외상담원은 법률, 병무, 건강, 인생, 결혼 등 분야별 학식과 덕망이 있는 인사를 선정하여 위촉할 수 있다.

제34조【고충의 처리】
　　1. 근로자는 고충처리위원에게 구두 또는 서면으로 상담을 신청한다.

2. 상담신청을 접수한 고충처리위원은 당해 근로자의 고충을 성실히 청취한 후 접수일로부터 ○일 이내에 처리결과를 해당 사원에게 서면으로 통보하여야 한다. 다만, 사외 상담원의 상담을 요할 시에는 상담일정을 별도로 지정하여 상담을 실시할 수 있다.
3. 고충처리위원이 처리하기 곤란한 사항에 대해서는 협의회에 부의하여 협의 처리한다.

제35조【상담실운영】
근로자의 고충을 처리하기 위하여 총무부 및 노동조합 사무실에 고충처리상담실을 설치 운영한다.

제36조【대장비치】
고충처리위원은 고충사항의 접수 및 그 처리에 관한 대장을 작성 비치하고 이를 ○년간 보존한다.

제7장 보 칙

제37조【대표위원의 권한위임】
노사 쌍방의 대표위원은 필요시 그 권한을 타 위원에게 위임할 수 있다.

제38조【신고의무사항】
협의회와 관련하여 노동부에 신고하여야 할 제반사항은 사용자 측에서 한다.

제39조【운영세칙】
협의회는 협의회운영 등과 관련된 사항에 대하여 운영세칙을 작성할 수 있다.

제40조【규정외의 사항】
이 규정에 명시되지 않은 사항에 대해서는 법령 및 통상관례에 따른다.

부 칙

제1조【시행일】
이 규정은 20 년 월 일부터 시행한다.

【별지서식 제1호】 협의회규정 제출서
【별지서식 제2호】 협의회규정 변경·보완 요청서
【별지서식 제3호】 노사협의회 회의록
【별지서식 제4호】 고충사항 접수·처리대장

[ ] 제정
[ ] 변경
협의회 규정 제출서

※ [ ]에는 해당되는 곳에 √ 표시를 합니다

접수번호	접수일		처리기간 즉시	
제출인	성명		생년월일	
	주소		전화번호	
사업체	사업장명		전화번호	
	노동조합명칭		노동조합대표자 성명	
	주소		조합원 수 (남: 명, 여: 명)	명
노사협의회	설치사유 발생일		설치일자	
	설치사유		위원 수	근로자위원 명 사용자위원 명
	정기회의 일자			
협의회규정 제정일자		협의회규정 변경일자		

「근로자참여 및 협력증진에 관한 법률 시행규칙」 제3조제1항에 따라 [ ] 제정, [ ] 변경된 노사협의회규정을 제출합니다.

20 년 월 일

제출인 (서명 또는 인)

○○ 지방고용노동청(지청)장 귀하

첨부서류	1. 협의회규정 1부 2. 변경된 협의회규정 1부(협의회규정을 변경한 경우에만 제출합니다)	수수료 없음

○○ 지방고용노동청(지청)장				
(전화번호 :)				
분류기호 및 문서번호	:	년	월	일

수신

제목 : 협의회규정 변경·보완 요청

    귀 사업(사업장)의 협의회규정에는 아래와 같이 관계법령 위반사항이 있습니다. 「근로자참여 및 협력증진에 관한 법률 시행규칙」 제3조제2항에 따라 협의회규정의 변경·보완을 요청합니다. 귀 사업(사업장)은 협의회규정을 변경·보완하신 후 「근로자참여 및 협력증진에 관한 법률」 제18조와 같은 법 시행령 제5조에 따라   년 월 일까지 변경·보완된 협의회규정을 제출해 주시기 바랍니다.

변경·보완이 필요한 사항	이유

○○ 지방고용노동청(지청)장 [인]

(앞쪽)

제　차 (정기·임시) 노사협의회 회의록

회 의 일 시	
회 의 장 소	
협 의 사 항	
보 고 사 항	
의 결 사 항	
의결된 사항 및 그 이행에 관한 사항	
그 밖의 참고사항 및 전분기 의결된 사항의 이행 상황	

(뒤쪽)

참 석 위 원			
근 로 자 위 원		사 용 자 위 원	
성 명	서 명	성 명	서 명

고충사항 접수·처리대장

접수번호	접수일자	고충처리 요청인		고충내용	처리결과	회신일자	고충처리위원
		성 명	소속부서				

교 육 참 석 자 명 단(예시)

년 월 일

교육구분 : 직장내성희롱예방교육

NO	부 서	성 명	서 명	NO	부 서	성 명	서 명

교육일지(예시)

결재			

교육구분	직장내성희롱 예방교육				
참석인원	구 분	남	여	계	비고 (미실시 사유)
	대상인원				특휴: 연가:
	실시인원				
	미실시인원				교육: 출장:
교육일시	년 월 일(요일) : ~ :				
교육장소					
강 사					
교육내용	교육방법		교재		별첨

◎ **부록 2 : 사업자가 알아두면 도움되는 사이트**

국세청 www.nts.go.kr

홈택스 www.hometax.go.kr

위택스 www.wetax.go.kr

여신금융협회 www.cardsales.or.kr

한국공인회계사회 www.kicpa.or.kr

한국세무사회 www.kacpta.or.kr

기획재정부 www.mosf.go.kr

조세심판원 www.tt.go.kr

국민권익위원회 www.acrc.go.kr

한국조세재정연구원 www.kipf.re.kr

한국회계기준원 www.kasb.or.kr

금융감독원 www.fss.or.kr

행정안전부 www.mois.go.kr

민원24 www.minwon.go.kr

국세상담센터 www.call.nts.go.kr

국세법령정보시스템 https://txsi.hometax.go.kr/

대한상공회의소 www.korcham.net

헌법재판소 www.ccourt.go.kr

국회 www.assembly.go.kr

국회의안정보시스템 http://likms.assembly.go.kr/

법제처 www.moleg.go.kr

국가법령정보센터 https://www.law.go.kr/

대한민국법원 www.scourt.go.kr

대한민국법원 종합법률정보 https://glaw.scourt.go.kr/

고용노동부 https://www.moel.go.kr/

한국지방세협회 www.kalt.kr

지방세 법령정보시스템 www.olta.re.kr

정부24 www.gov.kr

대법원 인터넷등기소 www.iros.go.kr

한국표준산업분류 https://www.law.go.kr/

e-나라지표 www.index.go.kr

부동산 거래관리시스템 https://rtms.molit.go.kr/

실거래가 공개시스템 http://rt.molit.go.kr/

전자공시시스템 https://dart.fss.or.kr/

특허청 www.kipo.go.kr

특허로 www.patent.go.kr

특허정보검색서비스 키프리스 www.kipris.or.kr

소부장넷 www.sobujang.net

중소기업 현황정보시스템 https://sminfo.mss.go.kr/

벤처확인 종합관리시스템 www.smes.go.kr/venturein

기업부설연구소/전담부서 신고관리시스템 www.rnd.or.kr

이노비즈 www.innobiz.net

메인비즈 www.mainbiz.go.kr

중소벤처기업진흥공단 www.kosmes.or.kr

소상공인시장진흥공단 www.semas.or.kr